A S

TOUR

AUF DEN SPUREN EINES MYTHOS

DE FRANCE

Fotos

Markus Bühler

Texte

Michael Gamper

Walter Leibundgut

Sepp Renggli

Elmar Wagner

Urs Zimmermann

sport

Am Lac de Chambon, unterwegs
nach Les Deux-Alpes.

Zweierlei Warten: Ein Gendarm vertreibt am Col d'Aubisque Ziegen von der Strasse; Zuschauer haben sich zwei Stunden vor Ankunft der Fahrer bei Piau-Engaly bequem eingerichtet.

▸ Ein Gruppenbild zur Erinnerung: Spanische Velofans vertreiben sich die Zeit auf dem Col du Tourmalet.

Altitude
2115 m
FESTINA
WATCHES
ONCE

Moralische Unterstützung für die Fahrer: Fans malen am Col du Tourmalet die Namen ihrer Favoriten auf die Strasse; ein Gendarm hält die Bahn frei.
▸ Die einen schwitzen, die anderen frieren: Rossano Brasi vom Team Polti am Col du Tourmalet.
▸▸ Der Lohn für das lange Warten: hautnahe Begegnung der Fans mit dem französischen Meister Laurent Jalabert am Col de la Madeleine.

asics

Casino

Die Tour hat viele Seiten: Ein japanischer Velofan hat am Aufstieg nach Les Deux-Alpes einen Kreislaufkollaps erlitten und wartet nun durchnässt am Strassenrand auf den Krankenwagen; junge Hostessen preisen aus dem warmen Begleitwagen heraus am Col de la Madeleine das offizielle T-Shirt zum Kauf an.

▸ Duell der Giganten am Col de la Madeleine: Jan Ullrich vor Marco Pantani.

▸▸ Trinken, immer trinken: Paolo Lanfranchi vom Team Mapei im Aufstieg auf die Alpe d'Huez.

▸▸▸ Eine genau beobachtete Flucht: Lance Armstrong setzt sich unterhalb Sestriere vom Feld ab.

shirt Officiel

1

SFP
SFP
2

QUICK·STEP
LATEXCO
MAPEI
QUICK·STEP
QUICK·STEP
MAPEI

FESTINA
C. MOREAU

LANCIA

Mobile Häuslichkeit, hier und dort: ein Camperpark bei Les Deux-Alpes; das Etappen-Zielgelände in Piau-Engaly vor Ankunft der Fahrer.
▸ Die Erschöpfung im Ziel: Angel Casero vom Team Vitalicio Seguros auf dem Plateau de Beille.

France Telecom
France Telecom
France Telecom
France Telecom
France Telecom
France Telecom
Champion
Coca-Cola

VITALICIO
SEGUROS
VITALICIO
SEGUROS

Champion
GRUPO
GENERALI
GENERALI

Der Fan und sein Idol: Ein italienischer Verehrer Marco Pantanis hat Les Deux-Alpes auf drei Rädern erreicht; nach einer langen Pressekonferenz verlässt der Star das Zielgelände auf dem Plateau de Beille auf vier Rädern. ▸ Aufsehen erregen ist alles: Ankunft der Werbekarawane auf dem Plateau de Beille; Bibendum, die traditionsreiche Werbefigur des Michelin-Konzerns, auf dem offiziellen Tour-Parkplatz in Aix-les-Bains.

Mercatone Uno

LA REDOUTE
LA REDOUTE
5510 YO 59

RDI

Wie die Tour ihr Publikum fasziniert

Michael Gamper

Der 47-jährige Frank aus Willingen in Rheinland-Pfalz ist den Galibier mit dem Rad hochgefahren, zweieinhalb Stunden vor der Passage der ersten Professionals. Den Kleinbus hatte er am frühen Morgen zwei Kilometer unterhalb der Passhöhe abgestellt, nun erwartet er den Tour-Tross in fiebriger Aufregung. Frank hat eine Matratze im Bus, einen Fernseher, einige Flaschen Rheinwein sowie viele Souvenirs aus der Reklamekolonne und verlebt einige Tage Ferien mit der Tour de France in den Savoyischen Alpen. Er ist bloss ein Glied in einer Menschenkette, die sich den 18 Kilometer langen Anstieg zum Galibier hinaufzieht und auf den letzten 500 Metern zu einer gedrängten Menge anschwillt. Einige dieser Menschen haben die Nacht auf 2200 Metern Höhe in Zelten verbracht, andere in Campern ausgeharrt, und viele haben mehrere hundert Kilometer im Auto zurückgelegt, um für wenige Sekunden die Fahrer der Tour de France zu sehen. Was aber ist es, das diese Leute an die steinigen Ränder der Zivilisation treibt? Welche Sehnsüchte vermag dieses Radrennen in Millionen von Menschen jährlich zu wecken? Welche mythischen Kräfte übt dieses Ereignis aus, das in den Grenzbereichen der äusseren Natur die Limiten der inneren Natur des Menschen ergründet?

Erlebnis Alpe d'Huez

Die Alpe d'Huez ist einer der Kristallisationspunkte jener massenhaften Faszination, die eine Mischung aus Naturerlebnis, Erfahrung von Geschichte und Beobachtung von scheinbar übermenschlichen Leistungen ist. 1952 wurde die steile Strasse, die von Le Bourg-d'Oisans in 21 Kehren unter die felsigen Höhen des Pic de l'Étendard führt und dem Blick ein weites Alpenpanorama öffnet, erstmals in den Parcours integriert, seit 1976 war die «Alpe» zwanzig Mal Etappenort. In der jüngeren Vergangenheit ist ihr Name Symbol geworden für ein ereignisreiches, überschäumendes Sportspektakel. Wer hier oben gewinnt, gehört zu den Grossen des Radsports, sein Name wird in Erinnerung bleiben, auch wenn der Erfolg nicht bestätigt werden kann.

Die Zuschauer wissen, dass auf dieser 14 Kilometer langen Strasse Stars geboren werden und Helden vom Monument stürzen. Es sind denn auch nicht nur Radsportfans, welche kaum einen Meter des beschwerlichen Weges unbesetzt lassen, die Alpe d'Huez zwingt auch andere Schaulustige an den Strassenrand. Kaum ein halbwegs ebener Meter Bodens ist nicht schon am Abend zuvor von einem Zelt besetzt, viele Wohnmobile richten sich auf Ausstellplätzen ein, und wer nicht die Nacht am Strassenrand verbracht hat, fährt früh in einer dichten Autokolonne die Kehren hoch. Die Strasse wird zwar erst um 13 Uhr für den Privatverkehr gesperrt, die besten Plätze sind dann aber schon weg. Seit den Morgenstunden des Ankunftstages bietet sich der Anblick einer Pilgerfahrt, links gehen die Wanderer die Strecke hoch, rechts die Radfahrer, die ihre Körper kasteien, bevor sie selbst Zeugen des noch viel grösseren Leidens der Profis werden. Am frühen Nachmittag sind die Positionen dann bezogen, die lange Zeit des Wartens beginnt.

Es ist eine wahre Kultur des Wartens, die sich im Juli unter den rund 12 Millionen Zuschauern an Frankreichs Strassen entfaltet. In den Rampen der Alpe d'Huez ist sie zwar bunter als auf den vielen tausend namenlosen Kreuzungen des Landes, die Basisutensilien und -erfahrungen sind aber überall die gleichen. Auf der «Alpe» gehört die Kurve 1 den Holländern, die in orangen T-Shirts und Mützen singend und Bier trinkend die Passage ihrer Lieblinge erwarten, zwei Kurven weiter unten befinden sich die Dänen, die sich ähnlicher Rituale bedienen. Die Italiener, Deutschen und Schweizer haben sich einzeln oder in kleinen Gruppen über die ganze Strecke verteilt und schwenken ihre Fahnen, in der Überzahl aber sind die Franzosen. Einige sind mit der ganzen Familie gekommen, haben aufklappbare Stühle und Tische, Wein, Käse, Wurst und

Baguettes mitgebracht, andere richten sich auf Liegestühlen ein und geniessen den Tag. Die meisten aber sitzen auf niedrigen Steinmäuerchen oder lehnen an den Gittern, diskutieren, rauchen oder sitzen einfach da mit leeren Gesichtern. Sie schlagen die sich unendlich lang ausdehnenden Stunden tot – um für wenige Augenblicke die Stars, die gefallenen Helden und die vielen Niemande vorbeiflitzen zu sehen. Für viele mag der Tag auf der «Alpe» ein Gleichnis für ihr Leben sein. Sie warten auf ein Ziel, von dem sie wissen, dass die Mühe des Ausharrens zu ihm in keinem Verhältnis steht. Und dennoch warten sie.

Wenn dann der Zeitpunkt der Durchfahrt näher rückt, werden die Menschen aktiv. Die Reklamekolonne löst Begeisterung aus, und sobald der Helikopterlärm lauter, das Hupen der durchfahrenden Motorräder nervöser wird und erste Anfeuerungsschreie nach oben getragen werden, wachsen die vielen Leute zu einer Masse zusammen. Freude und Begeisterung über den gemeinsamen Faszinationsgegenstand und die Erlösung von den zermürbenden Stunden der Langeweile lassen ein kollektives Gefühl entstehen, das sich bei der Passage der Fahrer in frenetischem Jubel entlädt, am lautesten bei den Ersten, am herzlichsten beim Gruppetto, das eine halbe Stunde später eintrifft. Danach zerfällt die Menge wieder in ihre Einzelteile, die Personen sinken zurück in die Apathie, und das Warten beginnt erneut, diesmal in der endlosen Autoschlange auf dem schmalen Weg ins Tal.

Eroberung der Berge

Jeder Ort schafft seine spezifische Masse, produziert sein spezielles eindrucksvolles Ereignis für das Publikum. Auf der Alpe d'Huez überwiegen die Spannung, die Bewunderung und die Ekstase der Menge, am Galibier herrscht die Erfahrung von Erhabenheit vor. Die herbe, meist umwölkte Bergwelt des Galibier, zu der man aus dem sonnigen Tal von St-Michel-de-Maurienne über den Col du Télégraphe bis auf eine Höhe von 2645 Metern hinaufsteigt, ist als Bühne natürlicher Erhabenheit gestaltet, sie bietet eine Natur, die den Menschen durch ihre Rauheit und Schroffheit schreckt, die ihm seine sinnlichen Grenzen vor Augen führt. Übertroffen werden diese Eindrücke bloss noch von der Überschreitung der scheinbaren körperlichen Leistungsgrenzen durch die Radfahrer. Deren Gesichter sind teils verzerrt vor Schmerz, teils sind sie ausdruckslos geworden über den körperlichen Entbehrungen, doch mit der Regelmässigkeit von Dampfmaschinen drehen sich die Füsse ums Tretlager. Es ist, als wären deren Besitzer aufs Rad geflochten, verurteilt zu sisyphushafter Arbeit und prometheischen Taten, denn hinter der Höhe des Galibier wartet bereits der nächste Pass. Und wenn dann noch von den Aiguilles d'Arves her Blitz und Donner auf das schmale Band inmitten von Geröll und Fels zurollen, glaubt man sich endgültig an einen mythischen Ort versetzt, an dem die Menschen auf zwei Rädern die Götter herausfordern.

1910 liess der Tour-Direktor Henri Desgrange die Fahrer erstmals die Pyrenäen-Pässe Peyresourde, Aspin, Tourmalet und Aubisque bezwingen. Das Grenzgebirge zwischen Frankreich und Spanien hat bis heute teilweise den Charakter des Unzugänglichen bewahrt, zu Beginn des Jahrhunderts aber war es noch gänzlich das Revier von Bären und Wölfen, von Wind und Wetter. Zuvor hatte man den Parcours schon über den Ballon d'Alsace geführt und damit viele Teilnehmer in den steilen Rampen zur Aufgabe gezwungen, nun aber drang man in Gebiete jenseits der zivilisierten Welt vor. Beträchtliche Summen mussten investiert werden, um die Wege für Fahrräder passierbar zu machen, und die Befürchtungen waren gross, dass die Fahrer den Strapazen der Aufstiege und den Gefahren der Abfahrten nicht gewachsen sein würden. Schliesslich erreichten 41 von 110 Gestarteten das Ziel in Paris, nicht alle von ihnen hatten die Pyrenäen auf dem Rad bezwungen, die meisten mussten zu Fuss den Tourmalet und den Aubisque überqueren.

Octave Lapize gehörte nicht zu ihnen; der 21-jährige Pariser gewann beide Pyrenäen-Etappen und war der erste «Bergkönig» der Tour, der erste mythische Held, dessen menschliche Kraft der Gewalt der Bergnatur widerstanden hat. Die Auseinandersetzung mit der feindlichen Topografie der Gebirge zog das Publikum noch stärker in den Bann als blosse Ausdauerprüfungen wie beispielsweise 1910 die Etappe von Brest nach Caen über 424 Kilometer. Die Exkurse unter die Steinriesen waren denn auch Teil einer nationalen Aufgabe. In der «heroischen Zeit» der Tour de France leisteten die Fahrer und ihre publizistischen Propagatoren der veranstaltenden Zeitung «l'Auto», bald aber auch der übrigen schreibenden Organe des Landes, einen wichtigen Beitrag zur inneren Kolonialisierung des französischen Territoriums, indem sie den von einer feindlichen Natur beherrschten Gebieten der Pyrenäen und der Alpen eine Geschichte gaben und sie zu einem Teil der Kulturnation Frankreich machten. Bereits 1911 wurde der Galibier erstmals befahren, bis 1999 ist er 48 Mal im Streckenplan berücksichtigt worden. Seit einiger Zeit legen Fans die Namen ihrer Lieblinge mit Steinen auf die kargen Wiesen neben der Strecke. Die wechselvolle Geschichte der Tour de France schreibt sich so aufs Innigste diesem Monument der Alpen ein.

Geschichte macht die Tour de France durch Geschichten. Die traditionellen Mythen einer übermächtigen, dem Menschen unzugänglichen Natur ersetzt sie durch Ereignisse, welche in ihrer Erzählung selbst wieder mythische Qualitäten annehmen und sich oft mit den alten Naturmythen verbinden. Dies zu veranschaulichen, ist kein anderer Ort geeigneter als der Mont Ventoux. Der italienische Dichter Petrarca berichtet in seiner Beschreibung der auf den 26. April 1336 datierten Besteigung des Montus Ventosus von einem «ungestümen Verlangen», das ihn erfasst habe, die «schroffe und beinahe unzugängliche Felsmasse» hinaufzuklettern. Die Warnung eines Hirten, er werde von dort oben bloss «Reue und Mühsal» und «einen zerfetzten Leib» zurückbringen, hat er in den Wind geschlagen. Petrarca stieg auf den Berg und sah, dass dort zwar keine Geister wohnen, dass man da oben Gott aber näher ist als sonst. Ähnliches taten erstmals 1955 die Fahrer der Tour de France, auch sie sahen, dass die schmutzig weisse Steinwüste, die keinen Schutz vor der brennenden Sonne bietet, mit Energie und Wille zu bezwingen ist. Doch auch für die Pedaleure ist der Mont Ventoux ein Berg geblieben, auf dem scheinbar übernatürliche Gewalten wirken. Keine andere Passstrasse saugt den Athleten so unerbittlich die Kraft aus den Muskeln, nirgends sonst wurden so viele spektakuläre und rätselhafte Einbrüche verzeichnet, kein anderer Berg hat so viele Dramen geschrieben und Erzählungen hervorgebracht, nirgends sonst wird so deutlich, dass die Fahrer sich nicht nur mit den anderen Fahrern messen, sondern auch mit dem Gelände. In der Historiographie der Tour ist der Mont Ventoux zum Despot der Fahrer geworden, der von ihnen Tribut verlangt, eine Prüfung für die Helden, ein Verhängnis für die Schwachen.

Auch viele Grosse waren nicht stark genug für den 22 Kilometer langen, steilen und gleichmässigen Anstieg, der keine Erholungsmöglichkeiten bietet. Am 18. Juli 1955 kündigt der Ventoux das Ende der Karriere des damals 36-jährigen Ferdi Kübler an, der an diesem Tag früh angegriffen hat, im vegetationslosen Teil des Berges aber 11 Minuten auf Louison Bobet verliert, völlig entkräftet in Avignon eintrifft und aufgibt. Am 10. Juli 1970 zeigt der Ventoux erstmals die Limiten von Eddy Merckx auf, der zwar als Erster am Gipfel anlangt, aber halb ohnmächtig vor Erschöpfung ist. Der scheinbar Unbezwingbare hat erstmals einen Gegner gefunden, der stärker ist als er; seine menschlichen Kontrahenten sollten daraus lernen. Die schlimmste Tragödie aber wird am 13. Juli 1967 gegeben. Vier Kilometer unterhalb des Gipfels beginnt Tom Simpson, einer der Favoriten, in der brütenden

«Die Orte, wo Radsportgeschichte einmal stattgefunden hat, werden immer wieder aufgesucht, auf dass sich die Namen und Geschichten Generationen von Fans einprägen.»

Hitze zu schwanken und in Schlangenlinien zu fahren. Er stürzt, sein Sportlicher Leiter setzt ihn wieder aufs Rad, doch der Engländer kommt nicht weit. Er sinkt nach rechts ins Geröll und bleibt liegen, die Hände an den Lenker gekrallt. Reanimationsversuche helfen nicht, Simpson stirbt um 17.40 Uhr im Krankenhaus von Avignon. In seinen Trikottaschen und im Gepäck werden Aufputschmittel gefunden; die Obduktion ergibt, dass Simpson eine Mischung aus Amphetaminen und Alkohol zu sich genommen hat – Amphetamine, um die natürliche Leistungsgrenze zu überschreiten, Alkohol, um die Schmerzen zu betäuben. Auch die Geschichte des Dopings hat am Mont Ventoux eines ihrer wichtigsten Kapitel geschrieben.

Hat die Tour in den Pyrenäen die wilde Bergnatur kultiviert und am Mont Ventoux die alte Naturmythologie beerbt, so hat sie auf der Alpe d'Huez den Schrecknissen einer gesichts- und geschichtslosen Moderne wieder eine historische Dimension verliehen. Im Wintersportort L'Alpe-d'Huez häufen sich die gesammelten Hässlichkeiten alpiner Zweckarchitektur und machen die Naturschönheiten der herben Landschaft vergessen, der Anblick des Dorfs reiht es ein in die Menge der vielen Retortenstationen, die seit den 1950er-Jahren aus dem Bergboden geschossen sind. Der Massentourismus hat den entlegenen Ort zwar zivilisiert, verwehrt ihm jedoch zugleich die Möglichkeit, kulturelle Spuren zu hinterlassen, die auch für kommende Generationen lesbar und bedeutend sein werden. Der Radsport und seine Protagonisten aber haben dem Namen «Alpe d'Huez» einen besonderen Klang verliehen, sie haben den konturlosen Fassaden eine Form gegeben, die sich einprägt. L'Alpe-d'Huez ist der Ort geworden, in dem Bernard Hinault und Greg LeMond 1986 Rad an Rad die Ziellinie überquerten oder wo Giuseppe Guerini 1999 von einem Zuschauer zu Fall gebracht wurde und trotzdem die Etappe gewann. Die Geschichte des grössten Radrennens der Welt hat sich unauslöschbar in den Beton und den Fels der Alpe d'Huez eingegraben, ihr Name strahlt seither eine magische Anziehungskraft aus, um dessen Wert auch die Organisatoren der Tour wissen. Die Orte, wo Radsportgeschichte einmal stattgefunden hat, werden immer wieder aufgesucht, auf dass sich die Namen und Geschichten Generationen von Fans einprägen. Wie sonst selten in der Sportwelt hält die Tour ihre Historie in der Gegenwärtigkeit präsent. Dies ist wohl auch der Grund, weshalb einige Holländer noch immer ihre Fankurve auf der «Alpe» besetzt halten, auch wenn sie seit einiger Zeit nicht mehr hoffen dürfen, dass einer der ihren wie acht Mal zuvor als Erster die Kehre 1 passieren wird.

Teil des mythischen Frankreich

Hat die Alpe d'Huez von der geschichts- und Geschichten produzierenden Kraft der Tour profitieren können, so sucht die Tour ihrerseits auch historisch besonders mächtige Orte auf. Seit 1904 pflegt die Tour de France in Paris zu Ende zu gehen, erst seit 1975 beenden die Fahrer ihr dreiwöchiges Rennen aber auf den Champs-Élysées. Die Via triumphalis Frankreichs ist seither auch die Siegesstrasse für alle diejenigen, welche den Gefahren und Unwägbarkeiten der Fahrt über Land und Berge getrotzt haben. Den Grand Palais hinter sich lassend zum Place de la Concorde, an den Tuilerien und am Louvre vorbei wieder über den Place de la Concorde zum Triumphbogen hinauf: Die Radprofis passieren die architektonischen Geschichtszeugen der Grande Nation im Herzen der Hauptstadt und werden selbst Teil eines mythischen Frankreich.

Das topografische Unternehmen der Tour de France gleicht, der Philosoph Roland Barthes hat schon darauf hingewiesen, denn auch dem der Odyssee. Die Protagonisten werden ausgesetzt, müssen viele Abenteuer bestehen, messen die Weiten der bekannten irdischen (französischen) Welt aus, überschreiten manchmal deren Grenzen und kehren schliesslich in den heimatlichen Hafen zurück. Ein Teil der Faszination der Tour de France besteht in der archaischen Struktur von sich aneinander reihenden Prüfungen, welche seit der Antike als Allegorie des Lebenswegs gedeutet worden ist. Wenn auch die äusseren Umstände mittlerweile durch die Professionalisierung und die Technologisierung des Radsports den Hauch des Abenteuerlichen weitgehend verloren haben, so ist die zu Grunde liegende Struktur doch die gleiche geblieben. Kein anderer Sport entspricht in seinem Aufbau diesen Anforderungen so gut wie das Etappenrennen auf dem Rennrad. Die extreme körperliche Abnützung sowie der Kampf mit dem Gelände und den Elementen im ungeschützten Raum prädestinieren es als Projektionsfläche menschlichen Urverhaltens, als Modell der Bewährung an den Widerständen des Daseins.

Als erzählerische Gattung entspricht solchem Geschehen das Epos. Die lange zeitliche Ausdehnung, die Linearität der Handlungen, die schwierige, ja unmögliche Beobachtbarkeit des ganzen Rennens in all seinen Dimensionen und die Offensichtlichkeit der vollbrachten Leistungen haben Journalisten und Chronisten von jeher dazu verleitet, ihre Berichte und Geschichten aus der Perspektive der Heldenverehrung zu schreiben. Gerafft können die unendlich langen Durchquerungen der Ebene geschildert werden, verdichtet und angereichert durch Schablonen der epischen Tradition die Höhepunkte in den Alpen und den Pyrenäen. In der Ära des Fernsehens hat sich daran nicht viel geändert. Auch das scheinbar objektive Kameraauge beobachtet bloss die interessanten Abschnitte, die Aufstiege, die Abfahrten, die Sprints, die Spitzengruppe und die Favoriten. Der Regisseur ist darum bemüht, die Übertragung so attraktiv wie möglich zu gestalten, er benutzt die bewährte Erzählweise, und so bleibt die epische Struktur auch im vom gesprochenen Wort begleiteten Medium der laufenden Bilder erhalten. Viele Zuschauer am Rand der Strasse haben sich vor dem Fernsehgerät mit dem Radsport bekannt gemacht und möchten nun die erzählten Heroen auch einmal in der Realität erleben. Und so hautnah wie bei einem Radrennen kommt man sonst an die Helden unserer Zeit nicht heran, in den Pässen sind sie buchstäblich zum Greifen nah – taktile Authentizität in einer Epoche, die für den Einzelnen an Erlebnissen einer ausserordentlichen Wirklichkeit arm geworden ist.

Für die Franzosen hat die Tour freilich noch eine spezifische Symbolik, welche die allgemein menschliche Bedeutung übersteigt. Jedes Jahr schreitet die Rundfahrt das Landesterritorium aus und vergewissert die Nation der Zahl, der Weite und der Schönheit ihrer Landschaften. Die Streckenführung beschreibt stets eine ähnliche Figur, sie zeichnet in etwa das Viereck der kartografischen Landeskontur nach. Die Kolonialisierung der Alpen und Pyrenäen wird Jahr für Jahr wiederholt, die grünen Landstriche der Normandie und der Bretagne fehlen ebenso selten wie die kargen, sonnenverbrannten Gegenden des Midi, und die geschichtsträchtigen Provinzstädte des Landes dienen bevorzugt als Raststätten zwischen den anstrengenden Stunden der Hatz nach Sekunden und Siegen. Frankreich präsentiert sich in der Etappenfolge als ein Land der Vielfalt und der Gegensätze, das dennoch durch ein einigendes Band zusammengehalten wird und das in Paris ein Zentrum hat, zu dem, auf das alles zurückgeführt werden muss. Vor allem in Zeiten der Krise ist diese symbolische Funktion für das nationale Selbstverständnis von grosser Wichtigkeit. Als 1947 die erste Tour nach dem Zweiten Weltkrieg organisiert wurde, war dies auch ein Zeichen der Revitalisierung einer wirtschaftlich und moralisch gebeutelten Nation. Die Beschaffung der Verpflegung für die Fahrer und den Tross sowie des Benzins für die Fahrzeuge erschien als fast unmögliche Aufgabe, doch die Veranstalter erhielten die volle Unterstützung der Behörden. Die Tour de France sollte eine Brücke schlagen zwischen der guten alten Zeit und einer Zukunft, die noch ungewiss war, sie sollte wieder eine Begeisterung entfachen, welche alle Franzosen einte.

Mysterien des Leidens

Am unmittelbarsten ergreift das Publikum am Strassenrand aber wohl die Bewunderung für die körperliche Leistung der Athleten. Über 10 000 Kilokalorien verbrauchen die meist spindeldürren Rennfahrer während einer Bergetappe, die sie oft über mehr als 200 Kilometer Länge und 4000 Höhenmeter führt. Bis auf fast 80 Stundenkilometer beschleunigen die Sprinter am Schluss der Flachetappen ihre Maschinen, und wer selbst Erfahrungen auf dem Rennrad gesammelt hat, weiss, was es heisst, 15 Kilometer lange Passstrassen mit fast zehn Steigungsprozenten mit einer Durchschnittsgeschwindigkeit von über 20 Stundenkilometern zu bewältigen. In Zahlen lässt sich das Ausserordentliche der Grosstaten abstrakt ermessen, anschaulich wird es an der Mimik in den deformierten Gesichtern, an den Bewegungen des Oberkörpers, der sich scheinbar den unablässig mahlenden Hüften zu entwinden versucht. Blut, Schweiss, Tränen: Die Körpersäfte der Erschöpften geben Auskunft über die Leidensfähigkeit der Kreatur.

Der Radsport ist in seinen Anforderungen und grundlegenden Verhaltensweisen ein archaischer Sport. Für die erste Etappe der Tour de France überhaupt von Paris nach Lyon über 467 Kilometer brauchte der Sieger Maurice Garin 1903 17 Stunden, 45 Minuten und 13 Sekunden. Geprüft wurden vor allem die Ausdauer der Fahrer und nicht selten auch ihre Orientierungsfähigkeiten, denn nicht an allen Kreuzungen konnten Posten stehen, die den richtigen Weg anzeigten. Diesen unmittelbaren odysseehaften Charakter hat das Rennen zwar längst verloren, im Vergleich zu den anderen grossen Sportarten und vor allem den Trendsportarten dominiert aber auch heute nicht vorab Geschicklichkeit, Technik und Dynamik der Bewegung, sondern die reine körperliche Anstrengung. Entscheidend ist, was Muskeln, Sehnen und Gelenke herzugeben vermögen.

Menschlich-männliches Urverhalten scheint sich auch in den Basisbewegungen der Fahrer auszudrücken. Mitfahren, Führen, Ausreissen, Verfolgen, Aufgeben lauten die zentralen Praktiken, welche zugleich die Beziehungen der Athleten untereinander regeln. Wer führt, opfert sich für einen höher Gestellten, wer ausreisst, tut dies mit einem bestimmten Auftrag. Alle Leiden dienen am Ende dem Wohl des streng hierarchisch gegliederten Teams, auch der Leader gewinnt für die Mannschaft und verteilt die Siegesprämien unter seinen Helfern. Radsport ist so der Inbegriff des harten, ehrlichen, sozialen Sports. Er wird betrieben wie Feld- oder Fabrikarbeit, Kreativität ist dazu nicht notwendig, aber Ausdauer und Leistungsbereitschaft, und jeder im Feld besitzt diese Tugenden. Darauf verlassen sich die Zuschauer.

Das Radfahren ist deswegen vielleicht der einzige professionell und wettkampfmässig betriebene Sport, bei dem dem Letzten die gleiche Achtung, der gleiche Applaus zukommt wie dem Ersten, gepfiffen und gebuht wird an den Strassenrändern kaum. In den kurzen Steigungen des Massif Central wird der leichte Tritt der Besten bewundert, die Mühelosigkeit, mit der sie sich des Hindernisses wie einer lästigen Fliege entledigen. Ehrfurcht aber erwecken die unrhythmischen, hölzernen Bewegungen der Letzten, die verzweifelt um den Anschluss kämpfen: Ihr Mund, um Atem ringend, ist weit aufgesperrt, der Schweiss tropft unablässig vom Kinn, die

Wadenmuskeln sind bis zum Zerreissen angespannt. Um das Ziel in einer Überführungsetappe vor Kontrollschluss zu erreichen, leiden sie oft mehr als der Sieger am Tourmalet, dem Giganten der Pyrenäen.

Das Attribut des «Helden» wird dem Radsportler leicht zugesprochen, denn der «Held» ist der Protagonist des Epos. Mehr noch als den siegreichen, strahlenden Helden liebt das Publikum aber den tragischen Helden. Frankreichs beliebtester Radfahrer ist nicht Louison Bobet (3 Tour-Siege), auch nicht Jacques Anquetil (5), Bernard Thévenet (2), Bernard Hinault (5) oder Laurent Fignon (2), sondern Raymond Poulidor, der «ewige Zweite». «Poupou» ist der Held der Menge. Vielleicht verdankt der Bauernsohn aus dem Süden seine Popularität dem sicheren Gefühl der französischen Unterschichten für die Benachteiligten und vom Schicksal Betrogenen, das die Massen seit der Französischen Revolution immer wieder zu Aufständen getrieben hat. 800 000 Leute bilden am 14. Juli 1964 ein Spalier zwischen Versailles und dem Prinzenparkstadion, als Poulidor Anquetil im abschliessenden Zeitfahren die 14 Sekunden abnehmen will, die ihn vom Gesamtsieg trennen. Die brodelnde Menge versucht mit ihren Rufen, Poulidor zu schieben und Anquetil zu bremsen, sie will den Champion stürzen sehen und den Mann des Volkes auf den Thron heben. Doch die Wünsche der Pariser Massen erfüllen sich auch 175 Jahre nach einer für sie missglückten Revolution nicht. Anquetil ist am Schluss der Schnellere, «Poupou» ist abermals geschlagen. Diese Sympathie, die Poulidor vor allem in seinen letzten Jahren als Rennfahrer begleitet hat, kommt auch den Eingebrochenen zu. Solange die Beine der Stars leicht und locker treten, ist dies kein Grund für besondere Emotionen. Wenn aber, wie vom göttlichen Blitz getroffen, das gut geölte Maschinchen stockt, die anderen davonfliegen und selbst die Helfer am Geschlagenen vorbeiziehen, dann durchflutet Rührung die Menge. Die Qual des Helden ruft den Mythos des Leidens auf, der in seiner christlichen Fassung die westliche Kultur trägt und in seinen säkularisierten Formen zu faszinieren vermag. Laurent Jalabert ist ein solcher tragischer Held des Leidens: Keiner bricht schöner ein als er, kaum einer hat die Hoffnungen seiner Landsleute an der Tour spektakulärer nicht erfüllt als er.

Schattenseite des reinen Willens

Der Wille ist so dasjenige Vermögen, welches das Publikum an den Fahrern am meisten bewundert. Wie die christlichen Märtyrer besiegen sie die Schmerzen des Körpers durch die Kraft des Geistes, sie ordnen der Idee des Sieges alles unter. Der starr nach oben gerichtete, stechende Blick von Richard Virenque in den Alpen- und Pyrenäenanstiegen ist Ausdruck dieser totalen Hingabe an das Rad, die keine Grenzen kennt. Virenque, dieses Häufchen Mensch, nur Muskeln, Sehnen, Knochen und Haut, ist der Inbegriff des reinen Willensmenschen, der entschlossen und verbissen das Ziel eines Tour-Erfolgs verfolgt, obwohl dessen Erreichen auf Grund seiner physischen Voraussetzungen, seiner Schwäche im Zeitfahren, fast unmöglich ist. Dieses unablässige Streben nach dem unerreichbar Höchsten hat Virenque in den Neunzigerjahren zum beliebtesten Fahrer auf den Strassen Frankreichs gemacht.

Doch dieser reine Wille hat seine Schattenseite, und diese ist im Sommer 1998 für die Öffentlichkeit ansichtig geworden. Laut Aussagen seines Pflegers und ehemaligen Vertrauten Willy Voet betrieb Virenque das Doping mit der gleichen Konsequenz und Neugier, wie er sich um das beste Material kümmerte oder seine Position auf dem Sattel zu verbessern suchte, und auch sein beständiges Leugnen des offensichtlich gewordenen Sakrilegs verrät die Beharrlichkeit, die den erfolgreichen Radsportler auszeichnet. Der Wille der Radprofis beinhaltet eine aggres-

«Der Radsport hat sich die Ideologie des fairen Sports nie zu Eigen gemacht, die Ideale der olympischen Bewegung sind für ihn nie leitend gewesen.»

sive Einstellung zum eigenen Körper, der Wille erlaubt es ihnen, den Leib durch Training und Diät so zu formen, wie er für die Anforderungen ihres Berufes am geeignetsten ist. Doping ist in diesem Zusammenhang Teil einer Erweiterung der inneren natürlichen Grenzen des Menschen – eine gefährliche freilich, die Wagemut und Risiko erfordert. Die Leistungseffizienz ist der oberste Zweck, so will es das Metier, Vernunft und Moral spielen eine untergeordnete Rolle. Gesund ist das freilich nicht, mit oder ohne Strychnin, Amphetamine, anabole Substanzen, Kortikoide, Epo oder PFC. Die vom System des Radsports produzierten Ansprüche, die vom Publikum, von den Medien und den Sponsoren wesentlich mitbestimmt sind, haben das Doping zu einem Teil der Rennen gemacht.

Der Radsport hat sich die Ideologie des fairen Sports nie zu Eigen gemacht, die Ideale der olympischen Bewegung sind für ihn nie leitend gewesen. Als eine der ersten Sportarten ist er in Europa von Profis betrieben worden, um 1900 war Paris das Zentrum des professionalisierten Radsports, was eine wichtige Voraussetzung für die Geburt der Tour de France war. Die Einnahme von leistungssteigernden Substanzen war stets Usus und Teil des Initiationsritus in den Kreis der Besten, lediglich die Mittel und die Systematik ihres Gebrauchs haben sich während der letzten 100 Jahre geändert. Doping ist immer eine Geheimwissenschaft gewesen, eine verdeckte Praxis, von der das Milieu stets gewusst, darüber aber immer geschwiegen hat. Die Tour de France als Brennspiegel des Radsports hat eine Reihe von Dopingskandalen erlebt, welche wegen des öffentlichen Aufsehens die Existenz des Rennens zu gefährden schienen. 1924 geben Maurice Ville und die Brüder Francis und Henri Pélissier – Letzterer ist der Sieger des Vorjahres – in Coutances das Rennen auf und stehen den Journalisten im «Café de la Gare» Rede und Antwort. Sie beklagen sich über die schlechte Behandlung durch die Kommissäre, schildern die Härte ihres Metiers und breiten vor den staunenden Augen der Umstehenden ihre Trikottaschen aus: Kokain, Chloroform, Salben, Pomaden und Pillen, denen sie den Namen «Dynamit» gegeben haben, sind darunter. Der bekannte Reporter Albert Londres ist zugegen und schockiert das Publikum mit dem Aufsehen erregenden Artikel «Les Forçats de la Route» – zugleich einer Hommage an die «Zuchthäusler der Landstrasse». 1962 geben auf der 14. Etappe zehn Fahrer mit den Anzeichen einer Fischvergiftung das Rennen auf, worauf Jacques Goddet in einem Leitartikel der Sportzeitung «L'Équipe», der Veranstalterin des Rennens, die Profis des Dopings bezichtigt. 1967 stirbt Tom Simpson am Mont Ventoux, und 1998 wird der Pfleger Willy Voet vom Festina-Team mit zahlreichen leistungsfördernden Mitteln im Gepäck an der belgischen Grenze von der Polizei aufgehalten. In der Folge wird von ihm, dem Sportlichen Leiter Bruno Roussel und dem Teamarzt Eric Ryckaert sowie einigen Fahrern systematisches Doping zugegeben, was in Frankreich und Italien umfangreiche Untersuchungen einleitet. Ist die Tour, ist der Radsport nun vor dem Ende?

«Die Tour, so glaube ich, lässt den normalen Radsport hinter sich», sagt Jacques Augendre, ihr offizieller Historiker. Die Tour de France 1999 scheint das zu bestätigen, und das Faszinationspotenzial des Etappenrennens ist so gross, dass es wohl auch dem Radsport abermals aus einer seiner regelmässig wiederkehrenden Krisen helfen wird. Die meisten Transparente am Strassenrand sind noch immer Virenque gewidmet, dem gefallenen Engel der Landstrasse. Die Stellungnahmen der Massen verdeutlichen bloss, dass es nicht die olympische Sportmoral gewesen ist, welche den Radsport und die Tour de France gross gemacht hat, sondern die eigentümliche Verbindung aus Natur und Geschichte, die für jeden Mythos konstitutiv ist.

NITE
ANCE

DIE ORGANISAT

In acht Stunden treffen die Fahrer auf dem Plateau de Beille ein: ein verspielter Hund unter der Ziellinie; kräftige Arbeiter bauen das Zielgelände auf.
▸ Game over in Pau: Der Sponsor Coca-Cola reist ab.

Champion

TINA®
ONTRES

VOLVO
FH12
Buvez
2151 VA 02

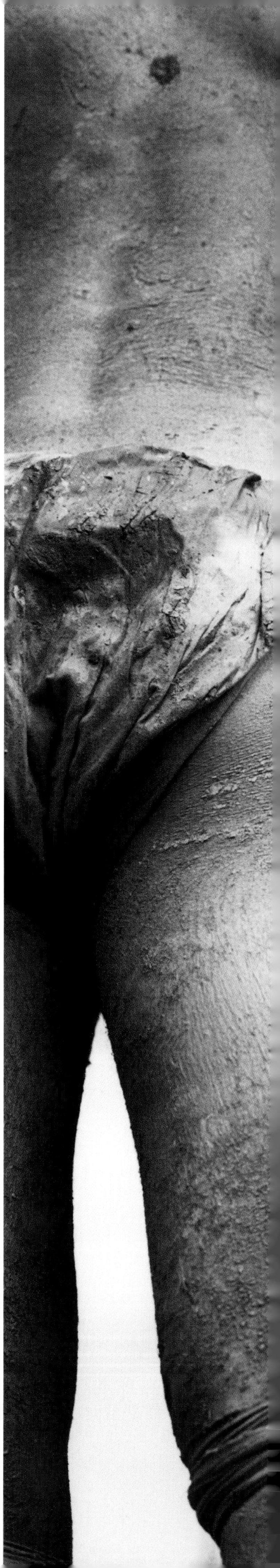

Das Tour-Village als Bühne für allerhand Darbietungen: tanzende Indianer in Tarascon-sur-Ariège; Performance einer Avantgarde-Theatertruppe in Bonneval.
▸ Lokale Kultur in internationaler Umgebung: traditionelle Tanzdarbietung im Tour-Village in Challans.

LA GRANDE BOUCLE
FESTINA

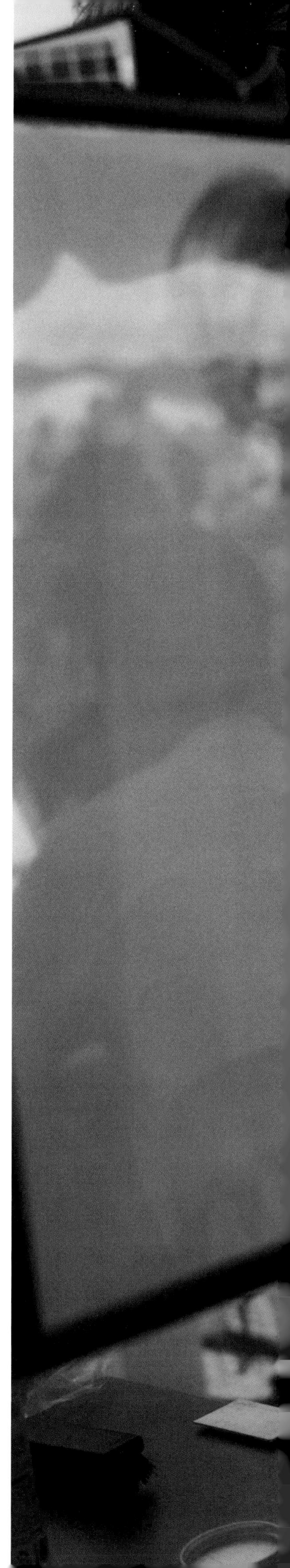

Outfit von gestern, Look für heute: Tour-Veteranen posieren in Challans; ein Rennfahrer beim Coiffeur im Tour-Village.

▸ Reklame als Zeitvertreib: Die Werbeshow des Sponsors PMU verkürzt den Zuschauern das Warten auf die Ankunft der Fahrer im Zielgelände von Aix-les-Bains.

PMU

Werbung hat viele Gesichter – meist sind sie jung, weiblich und hübsch: Hostessen vollführen vor der Abfahrt des Werbetrosses in Challans einen spontanen Freudentanz; Show der Ehrendamen des Sponsors PMU in Saint-Étienne.

▸ Keiner ist so begehrt wie der Leader: Marco Pantani nach der Ankunft in Neuchâtel.

PMU

Cola
98 LE TOUR DE FRANCE
2
CL
98 LE TOUR DE FRANCE
98 LE TOUR DE FRANCE

CREDIT
LYONNAIS

Die Medien bestimmen die Tour: Tour-Direktor Jean-Marie Leblanc beim Interview in Le Puy-du-Fou; der Pressesaal in Bordeaux, das Nervenzentrum der internationalen Berichterstattung.
▸ Keine Ruhe vor dem Sturm: Belagerung der Fahrer durch Pressefotografen vor dem Start in Tarascon-sur-Ariège.

Scotti
RISO
Scotti
Saeco
Saeco
cannondale
Saeco
asics
LA FRANÇAISE DES JEUX
Saeco
Fausto COPPI
RISO
Scotti
Polti
Fausto COPPI

Gefragte Männer, gefragte Damen: Jens Voigt vom Team Crédit Agricole verteilt vor dem Start in Moureux Autogramme; ein Fotomodell wartet auf seinen Auftritt als Ehrendame auf dem Plateau de Beille.

▸ Die Perspektive des Siegers: Blick auf das Publikum der Siegerehrung in Saint-Gaudens.

PMU
Miko
Miko
Miko
Miko
Miko

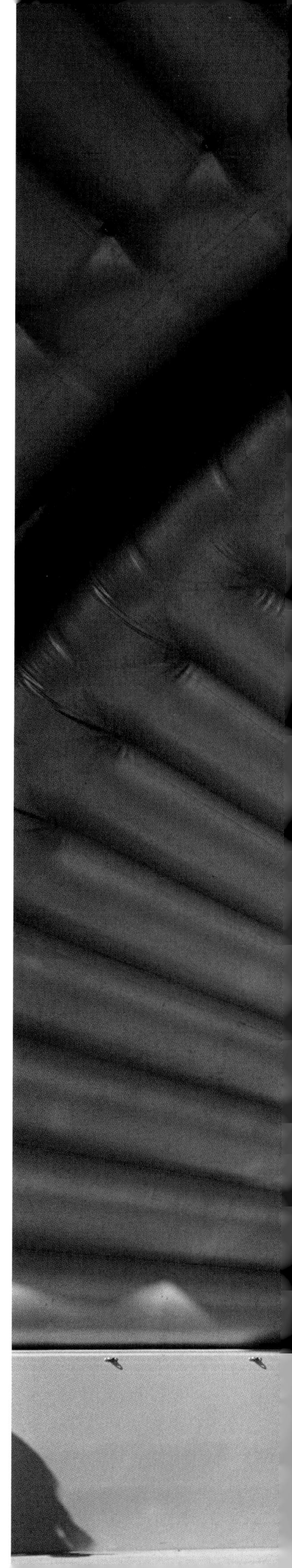

Siegespose auf dem Plateau de Beille, so oder so: Marco Pantani im Teamdress gewinnt die Etappe; Jan Ullrich im Maillot jaune ist (noch) Tour-Leader.

▸ Die Stimme der Fahrer: Bjarne Riis teilt an der Tour 1998 nach der Streik- und Bummeletappe nach Aix-les-Bains den Medien mit, dass die Fahrer die Tour am nächsten Tag fortsetzen wollen.

CREDIT
LYONNAIS
CL
98
LE TOUR
DE
FRANCE
CL
2
France Télévision
3
CL
CL

EUROPE 1
STEREO
SONY

Presse
98
Torben

Ein Blick hinter die Kulissen

Walter Leibundgut

Die Tour de France ist nicht nur das bedeutendste Radrennen, sondern – nach den Olympischen Spielen und der Fussball-WM – der Welt drittgrösstes Sportereignis. Zwar organisieren die 47 Angestellten der Société du Tour de France zwischen März und Oktober total 18 Radrennen, aber «Le Tour» ist das Schaufenster und mit einem Umsatz von 250 Millionen Francs auch die «Cash-cow» des Familienunternehmens Amaury.

Jedes Jahr stehen im Juli 15 Millionen Zuschauer an der etwa 3800 Kilometer langen Strecke, wenn der viertausendköpfige Tross während dreier Wochen über die für die Tour de France vollständig gesperrten Strassen Frankreichs rollt. Die 180 bis 200 Rennfahrer sind zwar die sportlichen Hauptdarsteller, aber rund um das Rennen läuft ein gewaltiges Spektakel. Darin sind auch die Etappenorte, die Sponsoren und die lärmig-bunte Reklamekarawane sowie ein imposanter Medientross involviert. Die sich täglich von Ort zu Ort verschiebende Sportveranstaltung ohne die feste Infrastruktur von Stadien bedingt monatelange Vorbereitungen und eine bis ins letzte Detail geplante Logistik.

La Société du Tour de France

Im Direktionsbüro der Société du Tour de France im Hochhaus von Issy-les-Moulineaux an der Peripherie von Paris sind die Rollläden heruntergelassen. Jean-Marie Leblanc (1944) befindet sich an diesem warmen Juni-Nachmittag nicht am Sitz der 1974 gegründeten Tochtergesellschaft von Amaury Sport Organisations an der Seine. Der Generaldirektor des weltweit grössten Radrennens ist zu einer Besprechung mit UCI-Präsident Hein Verbruggen nach Lausanne gereist. Seine 46 Mitarbeiterinnen und Mitarbeiter stehen kurz vor den drei wichtigsten Wochen des Jahres unter Hochdruck. Ihr Chef ist kein Marketingfachmann wie seine unmittelbaren Vorgänger, dafür kennt er den Radsport in allen Schattierungen: Als zweifacher aktiver Tour-de-France-Teilnehmer (1968 und 1970) sowie als Fachjournalist und ehemaliger Ressortleiter «Rad» bei «L'Équipe» ist er der richtige Mann am richtigen Ort. Verbesserungsvorschläge für die unter seinen Vorgängern etwas träge gewordene Organisation brachten ihn im Oktober 1988 zusammen mit Jean-Pierre Carenso und vier Jahre später als Generaldirektor allein an die Spitze der «Société».

Rasches Wachstum

Die Groupe Amaury gibt zwar keine Ertragszahlen bekannt, aber Leblancs starke Stellung im Konzern lässt darauf schliessen, dass die Tour de France wesentlich zum Gewinn der Familien-AG beiträgt. Diese generiert mit ihren zwei Standbeinen «Presse» und «Sportorganisationen» 2,5 Milliarden Francs Umsatz pro Jahr. Die in ganz Frankreich verbreiteten Titel «Le Parisien/Aujourd'hui» und die Sportzeitung «L'Équipe» sind die Wurzeln des Unternehmens. Die «Société» hat den Umsatz von 60 Millionen Francs (1981) mit bedeutenden Wachstumsraten von zuletzt 15 Prozent auf 250 Millionen (1998) gesteigert.

Die Einnahmenstruktur der Tour de France lässt sich nicht mit andern Radsportveranstaltungen vergleichen. 55 Prozent stammen von den Sponsoren und der Werbekolonne, 34 Prozent aus dem Verkauf von TV-Rechten und nur 11 Prozent von den Etappenorten. Drei Gruppen von Ausgaben verschlingen den grössten Teil des Aufwandes: die Organisationskosten der «Société», die Logistik (Parcours, Polizei, Transporte, Unterkünfte) und die Mannschaften (Preise und Spesen). Vor der Ära Leblanc mussten die Sportgruppen eine Startpauschale leisten, davon bezahlte die «Société» die Hotelkosten und das Benzin. Jetzt gehen alle Kosten zu Lasten der Organisation, und die berücksichtigten Teams erhalten – neben vier Autos – eine Spesenpauschale von 300 000 Francs. Die Preissumme für die Etappen-, Gesamt- und fünf Spezialklassemente beträgt knapp 12 Millionen Francs.

Ansturm der Etappenorte

In allen Landesteilen Frankreichs und im angrenzenden Ausland sind jedes Jahr Dutzende von Ortschaften und Tausende von Radsportfans von der Tour de France enttäuscht – weil ihre Region vom grössten Sportanlass nicht berührt wird oder weil die Bewerbung als Etappenort nicht berücksichtigt worden ist. Von den 80 Städten und Dörfern, welche sich jährlich bei Jean-Marie Leblanc melden, können für eine Tour maximal 30 als Start- oder Etappenort berücksichtigt werden. Bei solchem Andrang kann die Strecke ausschliesslich unter sportlichen – oder kommerziellen! – Gesichtspunkten konzipiert werden.

Immer öfter ist der Startort zur nächsten Etappe nicht mit dem Ankunftsort der vorangehenden identisch – seit Beginn der Neunzigerjahre bis zu 14 Mal pro Rundfahrt. Die Tour de France hat davon zwar keinen finanziellen Mehrnutzen, aber trotzdem zwei Vorteile: Sie kann weitere Städte berücksichtigen und die Etappendistanzen verkürzen; Tagespensen von mehr als 220 Kilometern sind bei den Fahrern verpönt.

Grosses Fest für kleinere Orte

Dies hat auch für manchen Bewerber positive Auswirkungen. Eine Stadt bezahlt an die «Société» für Etappenankunft und den Start am folgenden Tag 800 000 Francs. Dazu kommen die eigenen Organisationskosten, die einige hunderttausend Francs betragen können. Wenn Zielankunft und Startort getrennt werden, können auch kleinere und weniger finanzkräftige Orte die Tour de France beherbergen. Der Etappenort bezahlt dann eine halbe Million Francs, der Startort «nur» 300 000 Francs. Mittlerweile hat sich herumgesprochen, dass der Etappenstart, zumindest für die einheimische Bevölkerung, ebenso attraktiv ist wie eine Ankunft, denn da herrscht bei der Fahrerpräsentation und im «Start-Village» während mindestens drei Stunden «Action». So hat das kleine Weindörfchen Sauternes unweit von Bordeaux mit weniger als 1000 Einwohnern diese Möglichkeit für die Promotion seiner Produkte genutzt, während touristisch ausgerichtete Regionen aus medialen Gründen eine Ankunft bevorzugen. Bei diesem Andrang wäre es ein Leichtes, die Etappenorte zu versteigern und damit Gewinnmaximierung zu betreiben. Doch davon will Jean-Marie Leblanc nichts wissen: «Nicht aus Tradition, sondern aus Überzeugung ermöglichen wir auch kleineren Orten, die Tour zu empfangen. Das ist einer der Gründe, warum die Tour de France so populär ist.»

«Schutzgebühr» für ausländische Etappenorte

Der «Grand-départ», der alljährliche Start zur Tour, ist besonders begehrt, weil er dank den mehrtägigen Startvorbereitungen, der Präsentation der Mannschaften, dem Prolog und den ersten zwei Etappen in der Region während einer ganzen Woche Aktivitäten garantiert. Der Preis ist entsprechend hoch: Unter acht Millionen Francs ist man nicht dabei. Beim Start in Dublin (1998) musste die irische Regierung noch deutlich mehr Geld locker machen, weil zusätzliche Reisekosten für den Transfer ans Festland vergütet werden mussten.

Die Warteliste ausländischer Bewerber als Etappenorte ist immer länger geworden. Deshalb hat die Tour de France für diese den Lizenzbetrag um 50 Prozent auf 1,2 Millionen Francs erhöht. Dank dieser «Schutzgebühr» melden sich nur noch finanziell potente Bewerber, denn deren Budget übersteigt bald einmal zwei Millionen Francs. Die Schweizer Etappenorte Fribourg (1997) und Neuchâtel (1998) hatten einen Gesamtaufwand von 550 000 Schweizer Franken zu tragen.

Bei solchen Beträgen ist es klar, dass nicht mehr Klubs oder Private als Organisatoren auftreten. Die «Société» akzeptiert – auch in Frankreich – nur noch Städte oder Departemente als Partner. Diese garantieren nicht nur den Lizenzbetrag, sondern sind auch die richtigen Ansprechpartner für die immer höhere Ansprüche stellende Infrastruktur und Logistik. Für das Zielgelände muss eine Fläche von 4000 Quadratmetern, für den Startort von 3500 Quadratmetern zur Verfügung stehen.

Angst vor Gigantismus

Bei einem ersten anonymen Besuch stellt «Commissaire général» Jean-Louis Pages fest, ob die verlangten Platzverhältnisse dem eingereichten Dossier entsprechen. Sein Rapport ist eine Art Machbarkeitsstudie, welche als Grundlage für die Verhandlungen mit dem Etappenort dienen. Das Standardlayout für die Zielanlage, das Pressezentrum, die temporären Übermittlungszentren und die Permanence mit den Organisationsbüros soll möglichst unverändert übernommen werden können. Ein Pflichtenheft besteht allerdings nur in knappster Form: Für den Start und das Ziel sowie für das Pressezentrum genügen je eine Checkliste mit Situationsplänen. Aufstellungen über die Zusammensetzung des Tour-Trosses, die gebräuchlichen Ausweise sowie die Farben und Bedeutungen der Autostreifen sind alles, was an Arbeitsgrundlagen für die Partner an den Etappenorten vorhanden ist. Es gibt auch nichts Kleingedrucktes, und die meisten erfahren erst im Laufe der Zeit, was die «Société» von ihnen erwartet: etwa 6000 Meter Absperrgitter, 20 000 Liter Wasser, 800 Kilogramm Eis – und fünf Blumensträusse, welche maximal 80 Zentimeter hoch sein dürfen!

Jean-Marie Leblanc ist das ungestüme Wachstum nicht mehr ganz geheuer: «Wir haben versucht, Einschränkungen einzuführen – mit dem Ergebnis, dass der Medientross jedes Jahr grösser wird und wir die Reklamekarawane auf 250 Fahrzeuge begrenzen müssen. Aber es darf nicht sein, dass wir aus Platzgründen nur noch in Industriezonen ankommen können. Eine Ankunft auf dem Mont Ventoux muss wieder möglich werden, indem wir Teile der TV-Infrastruktur im Tal platzieren.»

Streckenmosaik mit tausend Teilen

Die Verschnaufpause nach der Ankunft der Tour auf den Pariser Champs-Élysées ist für die drei «Commissaires généraux» nur kurz. Die Techniker der Tour-Organisation sind schon im August wieder mit Streckenwahl, Rekognoszierung und Kontakten zu Polizeistellen beschäftigt. Chef Jean-Louis Pages, ein ehemaliger Geografielehrer, ist seit zehn Jahren im Dienste der Tour de France, der frühere Kaufmann und für die Startorte verantwortliche Jean-Paul Loris kam etwas später dazu, und der Bretone Olivier Quéguiner stiess vor vier Jahren zum Team. Bis das Trio jeweils Anfang Mai dem Generaldirektor «Strecke bereit» melden kann, sind mehrere Monate Arbeit angesagt – und dazwischen müssen im «Nebenjob» auch noch die zwölf anderen Rennen organisiert sein, welche die «Société» jährlich durchführt.

Wenn die Techniker den Parcours bauen, erhalten sie vom Generaldirektor neben den Start- und Etappenorten einige Vorgaben: Rollt die Tour im Uhrzeigersinn oder nicht? Welche Pässe sind zwingend zu berücksichtigen? Wann sind Einzelzeitfahren vorgesehen? Zuerst werden die Herzstücke der Rundfahrt geplant, also die Bergetappen über die Pyrenäen- und Alpenpässe, dann folgen die übrigen Teilstücke in chronologischer Reihenfolge.

Steht der Streckenplan auf der Karte, geht es zu zweit, manchmal mit einem der drei ehemaligen Profis vom «Service sportif», zu Rekognoszierungsfahrten. Jean-François Pescheux, Philippe Chevallier und Laurent Bezault waren zwar früher keine Top-Fahrer, ihr Fachwissen und ihre berufliche Kompetenz sind jedoch die ideale Kombination, um über sportliche Fragen zu entscheiden. Sie betrachten Stadt- und Dorfpassagen mit den Augen eines Rennfahrers, sehen Gefahrenherde und bestimmen, wo Zwischenspurts um Geld und Zeitgutschriften stattfinden und wo die Posten für die fliegende Verpflegung eingerichtet werden können. Die Zeit von

«Jedes Jahr kommen 12 000 Gendarmen und 8000 Polizisten der Distrikte zum Einsatz. Ihre einzige Aufgabe: die Sicherheit der Fahrer zu gewährleisten.»

September bis Ende April verbringen die «Commissaires généraux» im Rhythmus «eine Woche Erkundung, eine Woche Auswertung im Büro». Für jede Etappe erstellen sie nicht nur einen Rapport, sondern auch detaillierte Pläne von Start, Parcours und Ankunft, Fahrpläne für den Reklametross, Marschtabellen mit drei verschiedenen Durchschnittsgeschwindigkeiten für die Fahrer sowie eine Empfehlung für den Transfer aller Autos ausserhalb des Rennens. Von Ort zu Ort werden die genauen Distanzen, Strassennamen und Kreuzungen, aber auch die mehreren hundert Kreisel festgehalten.

Verkappte Staatshilfe

In dieser Phase treffen die Tour-Techniker bei 80 Sitzungen im ganzen Land mit allen Etappenorganisatoren und den Polizeistellen der Departemente zusammen.

Die Besprechungsergebnisse sind die Grundlagen für die Bewilligungsgesuche an drei verschiedene Ministerien. Eines davon, «l'Équipement», ist seit 1996 offizieller Partner der Organisation und bietet während der Tour bis zu 4000 Mitarbeiter zur Präparierung der Fahrstrecke und zur Platzierung von 25 000 Abfallsäcken auf. Vor jedem Kreisel, jeder Verkehrsinsel und den «schlafenden Polizisten» werden die Fahrer mit speziellen Schildern über die Strassenführung orientiert. «Falsch» – also in Fahrtrichtung – verlaufende Dolendeckel werden abgedeckt, damit sie für die Rennräder mit ihren schmalen Pneus nicht zu Sturzfallen werden; die verhassten Kieselsteinstrassen werden nicht selten neu asphaltiert.

Seit 1975 kommt die Tour Ende Juli auf den Champs-Élysées an, Paris ist einen Sonntag lang verkehrstechnisch lahm gelegt. «Uff», stöhnt Olivier Quéringuer, «das ist jedes Jahr eine Zangengeburt und füllt mehrere Ordner, was nicht zuletzt auf die Autonomie von ‹Mairie› und ‹Préfecture› in der Hauptstadt zurückzuführen ist.»

Polizisten und Gendarmen

Damit der Parcours für die Passage des Tour-Trosses während zwei bis vier Stunden privatisiert werden kann, sind ganze Heerscharen von Polizisten und Gendarmen nötig. Der zehnköpfige Trupp der Nationalpolizei beschäftigt sich nur mit «kommunen» Vorkommnissen wie Verkehrsunfällen im Tross, Diebstählen oder Vermisstanzeigen. Besonders stolz ist die Tour-Organisation auf die 45 Mann des «Escadron motocycliste de la Garde Républicaine». Diese Elite-Truppe, welche direkt dem französischen Staatspräsidenten unterstellt ist und ausserhalb der Ferien- und Tour-de-France-Periode Staatsbesuche eskortiert, sichert während dreier Wochen den fast 4000 Kilometer langen Parcours ab. Ihre Mitglieder öffnen in den Passaufstiegen den Fahrern ein schmales Couloir zwischen den begeisterten Zuschauern, führen jede Fahrergruppe an und verhindern, dass von hinten Privatautos in den Renntross eindringen können.

Für die Absperrung sind gegen 20 000 Polizisten, Gendarmen (Militärpolizisten) und Feuerwehrleute zuständig. Sie werden entlang der Route eingesetzt, welche bereits am Vortag von einer autonomen Jalonier-Equipe mit den auffälligen gelb-weissen Pfeilen ausgeflaggt worden ist. Über 10 000 Wegweiser müssen platziert werden – die Abräumer am Schluss des Rennens sammeln aber wesentlich weniger ein, denn inzwischen haben sich Zuschauer eines Teils der Pfeile als Souvenir bemächtigt.

Ein «Commissaire général» der Tour-Leitung koordiniert mit «Monsieur Route du Tour», dem Chef des regionalen «Équipement», die Arbeiten. In der Regel werden pro Tag 1500 Ordnungskräfte eingesetzt. Jedes Jahr kommen so 12 000 Gendarmen und 8000 Polizisten der Distrikte zum Einsatz. Ihre einzige Aufgabe: die Sicherheit der Fahrer zu gewährleisten. Das führt zuweilen zu grotesken Situationen, wenn etwa in einer einsamen Waldlichtung ein Gendarm ein kleines Weglein «bewacht» oder in Dörfern vor einer längst stillgelegten Fabrik ein Polizist steht. Ein Fahrzeug ohne den offiziellen TdF-Kleber, das sich zwei Stunden vor der Durchfahrt auf den Parcours verirrt, wird garantiert innerhalb von weniger als einem Kilometer gestoppt und vorübergehend aus dem Verkehr gezogen.

Der Run auf Hotelbetten

Kandidaturen für eine Etappenankunft pflegt die Société du Tour de France sehr vertraulich zu behandeln, damit der Etappenplan der kommenden Tour nicht vorzeitig bekannt wird. Jeden Frühherbst erhalten kandidierende Orte aber einen zuverlässigen Anhaltspunkt, ob sie zu den etwa 30 ausgewählten Etappen- oder Startorten gehören. Im August steht der provisorische Etappenplan fest, und das «Hébergement» reserviert in allen vorgesehenen Ankunftsorten und deren Umgebung 750 Zimmer mit etwa 1000 Betten. Das sind die Unterkünfte für knapp einen Drittel des Trosses mit über 3500 Leuten. Sie sind für die Mannschaften, die Tour-Organisation und einige privilegierte Partner bestimmt. Alle Übrigen müssen sich für die drei Wochen dauernde Rundreise ihre Hotelzimmer selbst beschaffen, sobald gegen Ende Oktober der Etappenplan veröffentlicht wird. Einige beauftragen ein Reisebüro oder VSO (Voyages Sport Organisation), eine Schwesterfirma der «Société». Aber diese sitzt für die Reservation in der zweiten Loge, denn Pascale Thomas und Pierre-Yves Thouault von der «Société» haben zu diesem Zeitpunkt längst alle Hotels im Einzugsgebiet gebucht. Das eingespielte Duo kennt Hunderte von französischen Hotels mit zwei bis vier Sternen und gibt Restkapazitäten erst frei, wenn die Tour-Organisation selbst keinen Bedarf mehr hat.

Kalorien-Nachschub

Die Tour-Organisation gibt Neulingen eine ausgezeichnet bebilderte Broschüre ab, welche auch dem geübten Hotelier die Besonderheiten eines Rad-Teams näher bringt. «C'est le ton qui fait la musique» ist in diesem Brevier erstes Gebot. So erfährt der Hotelier, dass er zu den auserwählten Häusern gehört, die für die Beherbergung einer Equipe als gut befunden worden sind. Das schmeichelt schon gewaltig! Aber Rennfahrer sind eben keine «gewöhnlichen» (Ferien-)Gäste, und Doppelbetten eignen sich für sie nicht nur nach einer schweren Bergetappe ausgesprochen schlecht. Es ist auch nicht selbstverständlich, dass das grösste Zimmer nicht dem Teamchef zugeteilt werden soll, sondern dem Pfleger, damit dieser seinen Massagetisch aufstellen kann. Und mit der zusätzlich benötigten Wäsche könnte das Hotel die 15 Zimmer, welche eine Mannschaft belegt, gleich ein zweites Mal ausstatten.

Spaghetti al dente

Während der Tour de France vervielfacht sich das für die Hotels zuständige Duo, und neun weitere Helfer mit spezifischen Aufgaben sind auf Achse. Je drei Buchhalter, Köche und als «Intendanten» bezeichnete Hotelbetreuer setzen all das um, was Pascale und Jean-Yves vorbereitet haben. Je ein Hotelbetreuer und ein italienischer Koch bilden zusammen eine Equipe und schwärmen am frühen Morgen aus. Jedes Team besucht fünf bis acht Hotels. Der Intendant legt die genaue Zimmerzahl fest – wenn Fahrer aufgeben, benötigt das Team weniger, wenn Gäste empfangen werden, mehr Betten –, er kontrolliert, ob der verlangte Platz für den Werkstattwagen, den Team-Bus und sechs Begleitfahrzeuge vorhanden ist, und stellt sicher, dass die Mechaniker die bestellten Strom- und Wasseranschlüsse für ihre Arbeit vorfinden werden.

Derweil nehmen sich Giorgio, Giovanni und Massimo der französischen Hotelköche an, welche in der Regel Pasta nicht so zubereiten können, wie sich dies Radrennfahrer gewöhnt sind. Agnès Pierret, früher Managerin in der Radequipe «Helvetia-La Suisse» und dann bei der Tour de France für die Unterkünfte verantwortlich, hat vor einigen Jahren die Zusammenarbeit mit der Accor-Hotelkette genutzt und drei italienische Köche rekrutiert. Im Juli verlegen diese ihren gewohnten Arbeitsplatz in Bologna, Mailand oder Rom in täglich wechselnde französische Hotelküchen. Dort geben sie ihren Kollegen Tipps, wie man eine wirklich gute Pasta kocht. Wenn es der Hotelier wünscht oder wenn sie feststellen, dass ihre Ratschläge nicht auf fruchtbaren Boden fallen, stehen sie selber an den Herd. Sie haben sogar eigene Pfannen mitgebracht. So trägt das Trio aus dem Süden unter dem Motto «Soignez les détails» im Hintergrund zum Erfolg des grössten Radrennens der Welt bei.

Von Sternen und Distanzen

Als der ehemalige Berufsfahrer Jean-Marie Leblanc 1988 Tour-Direktor wurde, führte er Reformen ein, die ihm am Herzen lagen: «Die besten Hotels sind zukünftig den Fahrern vorbehalten und nicht den Funktionären!» Für eine Radsport-Equipe sind jedoch nicht in erster Linie die Anzahl Sterne massgebend. Gesicherte Nachtruhe in guten Betten, genügend Platz für den Wagenpark sowie einem Leistungssportler angepasste Mahlzeiten auch ausserhalb der offiziellen Essenszeiten sind wichtiger als ein Swimmingpool oder die Hotelbar. Die Sterne spielen trotzdem eine Rolle. Mit einem speziellen System gewährleistet Pascale Thomas, dass die Mannschaften im Laufe der drei Wochen gesamthaft gleichgestellt sind. Für die ganze Dauer werden für jedes Team die Sterne aller Hotels und die Distanzen vom Etappenziel zum Hotel und wieder an den Start addiert. Die Reisezeiten im französischen Ferienverkehr und über enge Strassen nach Bergankünften verkürzen die tägliche Ruhezeit der Fahrer und sind deshalb ein wichtiges Kriterium für die Bewertung der Hotels.

Nach drei Wochen sollten alle Mannschaften auf ungefähr die gleiche Anzahl Kilometer und Hotel-Sterne kommen. Natürlich gibt es auch hier einen Trick, um die «grossen» Sportgruppen zu bevorteilen. Ein Team, das regelmässig in Dreisternhäusern untergebracht ist, wird in der Regel besser bedient als eines, das abwechslungsweise in einer primitiven Pension und dann wieder in einem Viersternhotel logiert. Und eine 60-Kilometer-Rückfahrt nach einer schweren Etappe ist auf der Autobahn problemloser zu bewältigen als die gleiche Distanz von einem Pyrenäenpass zur nächsten Ortschaft im Tal.

Arztvisite im Kongresszentrum

Im Kongresszentrum des Tour-Startortes weisen Pfeile zur «Visite médicale», aber kein einziger Fahrer, sondern zivil gekleidete Leute jeden Alters betreten diesen Raum. Es sind die temporären Mitarbeiter der Tour-Organisation, welche die vor jedem Arbeitsantritt gesetzlich vorgeschriebene Arztkontrolle absolvieren. Diese 200 «Équipiers» ergänzen das Team der 47 hauptamtlich Angestellten der «Société» während der Rundfahrt. Einige davon haben diese Untersuchung schon längst hinter sich, denn sie sind vom März bis im Oktober an allen von der «Société» organisierten Radrennen als temporäre Helfer zum Stundenansatz von 40 Francs dabei. Sie bauen und demontieren das Start-Village und die Zieltribünen, stellen Wegweiser auf, fahren Gästewagen oder arbeiten in der Permanence und im Pressedienst. Wer mit der Tour de France in Berührung kommt, stellt fest, dass der Helferstab noch wesentlich grösser sein muss. Verschiedene Aufgaben werden an spezialisierte Firmen übertragen, etwa das Catering, die Bewachung der Eingänge im «Village», im Zielgelände und Pressezentrum, der Transportdienst und die Resultatauswertung.

Ein stolzer Autopark

Rund 2500 Fahrzeuge bewegen sich im Juli im Auftrag der Tour de France durch Frankreich. Grosse Sattelschlepper und wendige Lieferwagen zum Transport der Infrastruktur, imposante Teambusse, fahrende Werkstätten und topausgerüstete Begleitautos für die Mannschaften, originelle Unikate und bunte Lautsprecherwagen in der Reklamekarawane. Ausserdem die Wagen der Organisation und der Jury, einige hundert Autos von Presse, TV und Radio, Dutzende von Lastwagen für die TV-Produktion sowie die Motorräder der Begleitpolizei, der Kameramänner und Fotografen.

Im Magazin der «Société» in Corbeil/Evry südlich von Paris verwalten zwei Mitarbeiter das Material für die Start- und Zielanlagen sowie für die Signalisation. Am gleichen Ort warten acht Mechaniker in der riesigen Garage die über 100 Fiat-Fahrzeuge der «Société»: Limousinen, Lieferwagen und Kleinbusse, welche die Organisation in allen von ihr durchgeführten Radrennen einsetzt. Fiat erneuert alle drei Jahre den gesamten Wagenpark. Zusätzlich stellt der italienische Autohersteller jedes Jahr im Juli weitere 180 Fahrzeuge zur Verfügung, welche nach der Tour de France wieder ins Werk zurückgehen. Die Hälfte davon sind für die 20 bis 22 Sportgruppen bestimmt und werden in den Teamfarben dekoriert, der Rest steht der Organisation zu. Allein der Transfer dieser Flotte an den jeweiligen Tour-Startort erfordert eine generalstabsmässige Vorbereitung.

Angebot und Nachfrage

Über die Hälfte des Budgets decken die «Partner» der Tour, also die Sponsoren und die Reklamekarawane. 15 Millionen Besucher am Start und Ziel sowie auf der Strecke und Millionen von TV-Kontakten sind schwergewichtige Argumente. Trotz der Höhe des Budgets (250 Millionen Francs) ist die Zahl der Sponsoren kleiner als an weniger bedeutenden Rennen, denn die 21 Partner lassen sich das Engagement mehrere Millionen Francs kosten. Selbst wer «nur» mit einigen Reklamewagen in der Werbekolonne mitfährt, leistet einen Einsatz von wenigstens einer Viertelmillion Francs – ohne die eigenen Auslagen für Werbegeschenke, Wagen, Mitarbeiter und Spesen!

«Wir wissen zwar, was uns der Auftritt kostet, aber wir wissen nicht, was er uns bringt. Wir können aber ermessen, was wir verlieren würden, wenn wir nicht mehr dabei wären.» So fasst Michel Delacour die Präsenz der Ladenkette Champion zusammen, welche dank dem rot gepunkteten Trikot des Bergpreissiegers einen hohen Bekanntheitsgrad erreicht hat.

Der Tour-Tross

Organisation	**487**
Hauptamtliche TdF-Mitarbeiter	47
Temporäre Mitarbeiter (équipiers)	200
Mitarbeiter von Drittfirmen	150
Polizei-Eskorte	45
Nationalpolizei	10
Jury	20
Ärzte/Sanität	15
Mannschaften	**440**
20 Teams zu 9 Fahrer	180
Mannschaftsbegleiter	260
Partner (Sponsoren)	**300**
Medien	**1910**
Journalisten	1000
Fotografen/Kameramänner	330
Techniker	580
Reklamekarawane	**700**
Mitarbeiter	650
Verkaufspersonal	50
Total (ganze Tour)	**3837**
Gäste	
Durchschnittlich pro Tag	1000
Ordnungsdienst	
Gendarmen/Polizei, Feuerwehr	1500
Total	**6337**

«Das Erlebnis Tour de France gibt es nirgends zu kaufen, man kann es nur dank einem Sponsor oder der Tour-Organisation geniessen.»

Sie finanzieren die Tour

«Le Club» (17–20 Millionen Francs und mehr pro Partner):

Crédit Lyonnais	Hauptsponsor, «Maillot jaune»
Coca-Cola	Etappensieger
Fiat	Begleitwagen
Champion	Bergpreis («Maillot à pois»)

Die 7 offiziellen Partner (5–6 Millionen Francs):

AGF	Nachrichtendienst/Radio-Tour
Astra	Satelliten-Verbindungen
Festina	Zeitmessung
France Telecom	Telefon, Internet
Nike	Trikots, Bekleidung
PMU	Punkteklassement
Sodexho	Buffet im Start-Village

Die 10 offiziellen Lieferanten (2–3 Millionen Francs):

Cochonou	Salami
Cœur de lion	Animatorenpreis
Elf Antargaz	Treibstoff
Kawasaki	Motorräder
Hansaplast	Medizinischer Dienst
Locatel	Fernsehapparate
Maison du café	Kaffee
Mavic	Neutrale Materialwagen
Michelin	Strassenkarten
United Savam	Transporte

Die Reklamekarawane (250 000–350 000 Francs):

40 bis 50 Firmen mit minimal drei Reklamewagen (total maximal 250 Autos)

Technischer/institutioneller Partner

Ministerium «l'Équipement», Transport und Unterkunft

Medien-Partner

Télévision France 2/3

«Le Club» ist gar kein Klub

«Le Club» nennt sich das Quartett der vier wichtigsten Sponsoren, welche in allen Bereichen der Tour auftreten dürfen. Sie sind im Start-Village ebenso präsent wie beim Ziel, wo sie nicht nur optisch in Erscheinung treten, sondern auch Gäste bewirten und ihnen eine «Helikoptersicht» auf die Zielankunft bieten können.

Die Einladung eigener Gäste bildet für den Hauptsponsor Crédit Lyonnais ein zentrales Instrument, denn das Erlebnis Tour de France gibt es nirgends zu kaufen, man kann es nur dank einem Sponsor oder der Tour-Organisation geniessen. Die Regionaldirektionen der Bank dürfen wichtige Entscheidungsträger zur Einladung vorschlagen, aus welchen die total 1200 Gäste ausgewählt werden. Die Aktivitäten des Hauptsponsors sind allumfassend: Sie reichen vom «Maillot jaune» als Prestigeobjekt bis zum Auftritt in der Reklamekolonne. 30 Mitarbeiter sorgen für Präsenz und füllen im Start-Village jeden Morgen 700 Tragtaschen mit je vier Zeitungen nach Wahl des Empfängers (Journalisten, VIPs) ab, darunter natürlich die täglich erscheinende französische Sportzeitung «L'Équipe» und «Le Parisien/Aujourd'hui» aus dem Hause Amaury. Die Begleitaktivitäten kosten die Bank neben dem Organisationsbeitrag (20 Mio.) fünf Millionen Francs.

Coca-Cola verteilt täglich 35 000 kleine Dosen ihres Getränks, Champion gibt pro Tour 400 000 Werbegeschenke ab, Astra 700 000 Videokassetten und Cœur de lion 100 000 kleine Camembert-Portionen. Für den Käsehersteller ist die Tour de France der einzige Direktkontakt mit den Konsumenten; der Rest des Werbebudgets fliesst in die klassische Werbung.

Das Medienereignis

Es ist eine Wechselbeziehung: Für die Tour-Organisation ist der Verkauf der TV-Senderechte ein existenzielles Standbein, er sichert ein Drittel des Budgets, also rund 63 Millionen Francs. Für die Medien anderseits ist die Tour alljährlich eines der wichtigsten Ereignisse, welches mit unerhörtem finanziellem, technischem und personellem Aufwand abgedeckt wird. Die ARD allein hat, seit sie Partner des Teams Deutsche Telekom ist, über hundert Journalisten und Techniker im Einsatz. Dabei werden die Bilder des Rennens von der französischen Produktionsgesellschaft Société Française de Production (SFP) übernommen; die eigene Crew widmet sich nur dem «Randgeschehen» und natürlich den deutschen Fahrern.

In der Geschichte des Fernsehens hat die Tour de France relativ früh einen wichtigen Platz eingenommen. Die ersten Bilder wurden vor mehr als einem halben Jahrhundert produziert, 1949 erlebten die Franzosen mit der Ankunft auf dem «Parc des Princes» in Paris die erste Fernseh-Direktübertragung; heute bietet die SFP während der Tour 130 Stunden Radsport an. Um dieses dreiwöchige Mammutprogramm zu produzieren, sind 300 Techniker, zwei Flugzeuge, vier Helikopter und sechs Motorräder im Einsatz. Der Aufwand von etwa 90 Millionen Francs muss sich lohnen, denn 60 Senderketten, die in 165 Ländern über die Tour berichten, decken ein offensichtliches Bedürfnis ab. Die Tour de France ist in den USA das einzige europäische Radrennen, welches im TV Beachtung findet – auch wenn diese nicht so ausgeprägt ist wie in Frankreich, wo am 14 juillet 1997 mit fast 7 Millionen Zuschauern die höchste Sehbeteiligung gemessen wurde.

Imposante Pressezentren

Das Ende vom Wachstum des Medientrosses ist nicht absehbar. Die elektronischen Medien, deren Infrastruktur aus allen Nähten platzt, haben ihre Arbeitsplätze direkt im Zielgelände. Die früher täglich auf- und abgebauten Kommentatoren-Kabinen sind nun fest auf Sattelschleppern installiert und fahren von einem Zielort zum nächsten. Einen grossen Teil des 4000 Quadratmeter umfassenden Zielgeländes nehmen Radiotechniker und TV-Equipen aus Europa und Übersee in Beschlag, welche hier die Produktions- und Sendeanlagen aufbauen.

Vorbei sind die Zeiten, als das Pressezentrum in einer Turnhalle Platz fand. Für die 500 Printjournalisten werden nun grosse Sport- oder Markthallen benötigt, welche bis zu zehn Kilometer vom Ziel entfernt sind. Wo solche fehlen, zum Beispiel bei Bergankünften, wird in riesigen Zelten mit über 1000 Quadratmetern Grundfläche Ersatz geschaffen. Aber auch mit diesen Notlösungen ist das Pressezentrum in kaum einem Drittel aller Etappenorte direkt beim Ziel; im Durchschnitt sind die Einrichtungen mehr als einen Kilometer vom Ankunftsort entfernt. Dort werden Arbeitsplätze mit Stromanschluss erstellt und je ein Telekommunikationszentrum für Bild- und Textübermittlung aufgebaut.

	Der Medientross der Tour
445	Presse-Titel (Tages-, Fachzeitungen, Magazine) in 27 Ländern
60	Fernseh-Stationen
165	Länder, in welche die TdF übertragen wird
43	Nationale Radios
59	Lokalradios
1000	Journalisten
330	Kameramänner/Fotografen
580	Techniker (Radio, TV, Telekommunikation)

Live ist nicht immer live

Der Leser stellt sich die Arbeit der Journalisten wohl kaum so vor, wie sie während der Tour abläuft. Wer nicht zu den wenigen Privilegierten gehört, welche auf dem Motorrad eine Etappe direkt auf Stufe Rennen begleiten dürfen, sieht die Fahrer oft tagelang nicht. Das Start-Village ist der einzige Ort, wo mit ihnen ein Gespräch möglich ist – sofern sie sich aus ihren «Burgen», den gekühlten Team-Bussen, überhaupt dorthin begeben, bevor die Journalisten den Startort verlassen müssen. Wenn ein Journalist vom oft weit entfernten Hotel zum Start fahren will, muss er dies frühzeitig tun, denn einige hundert Kollegen haben das gleiche Ziel: möglichst viele Fahrer zu treffen, um Informationen zu erhalten.

In einzelnen Fällen, etwa bei den Bergetappen, muss die ganze Rennstrecke abgefahren werden, aber in der Regel benutzt der Journalist einen «Alternativ-Parcours», um raschestmöglich ins Pressezentrum zu gelangen, wo er das Rennen auf Internet und im Fernsehen verfolgt. Nach Möglichkeit beschafft er sich Informationen bei ausländischen Kollegen oder bei Offiziellen und begibt sich kurz vor Ankunft der Fahrer ins Zielgelände, wenn dieses in zumutbarer Zeit zu erreichen ist. Hier kann er die Schlussphase auf Bildschirmen im Zielauslauf verfolgen, bevor er im allgemeinen Tohuwabohu von Zuschauern, Offiziellen und Begleitern versucht, einen bestimmten Fahrer zu treffen. Dazu benötigt er eine gehörige Portion Glück, denn Begegnungen am Ziel erfolgen nach dem Zufallsprinzip. Nur der Etappensieger und der Tour-Leader müssen zur offiziellen Pressekonferenz erscheinen. Diese findet, weil oft zu weit entfernt, nicht im Pressezentrum statt, sondern im mobilen Interview-Car hinter der Siegerehrungstribüne beim Ziel, von wo die Gewinner seit 1994 in einer Video-Konferenz in den Pressesaal geschaltet werden.

Aufregung beim Pressedienst

Im Pressedienst sind ganzjährig fünf und während der Tour 17 Mitarbeiter beschäftigt. Sie betreuen auch die Permanence, welche mit der Réception in einem Hotel vergleichbar ist. Sie besteht aus drei Büros mit 70 Quadratmetern Grundfläche in einem pneumatisch ausfahrbaren «Glaspalast», der auf einem Sattelschlepper von Ort zu Ort transportiert wird. Der Presse- und Resultatservice entspricht hinsichtlich Qualität und Tempo den Ansprüchen der Medien. 600 000 Blatt Papier für die Ergebnisse, Bulletins und Informationen aller Art werden im mobilen Druckzentrum vor dem Pressesaal gedruckt, wobei die Resultate vom Ziel online übermittelt werden. France Telecom erstellt mit 50 Mitarbeitern täglich 300 Telefonanschlüsse im Zielgelände und im Pressezentrum. Problematisch wird es, wenn wegen Zwischenfällen die Infrastruktur ausfällt. Pressechef Philippe Sudres erinnert sich ungern an den Moment, als ein Trax bei Bauarbeiten in Valenciennes kurz nach der Etappenankunft das Hauptkabel kappte und keine einzige internationale Linie mehr verfügbar war. Nach einer halben Stunde war die Ursache gefunden, und alle Viertelstunden konnten wieder 15 Linien zugeschaltet werden.

Radio-Tour

Dank der TV-Liveübertragungen und seit Internet verfügbar ist, hat Radio-Tour, das Tour-interne Informationsmittel, für die Medien an Bedeutung verloren. Es wird vorab von TV-Kommentatoren und Radioreportern genutzt, für Printjournalisten ist es nur noch eine Ergänzung. In der Rennkolonne ist Radio-Tour jedoch unentbehrlich, auch wenn alle Mannschafts- und Gästewagen mit Klein-TV-Geräten ausgerüstet sind. Für die Teamchefs ist es die schnellste Informationsquelle, weshalb weiterhin ein grosser Aufwand, unter anderem mit drei Flugzeugen als Relaisstationen (im Rennen, bei der Reklamekarawane und am Ziel), betrieben wird.

Das Tour-de-France-Puzzle

Wer auch immer die Tour de France als Offizieller, Teambetreuer, Journalist oder Angehöriger der Reklamekarawane seit Jahrzehnten begleitet, hat in den letzten Jahren einen ungebrochenen Hang zum Gigantismus festgestellt. Aber alle sind immer von neuem fasziniert, wie sich der riesige Tross von Ort zu Ort verschiebt, wie die imposanten Zielanlagen täglich aufgebaut und wieder demontiert werden, oft in kleinen Ortschaften oder am Ende von Steigungen mit wenig Platz und fehlender Infrastruktur. Und man wundert sich, dass auch in touristisch wenig entwickelten Regionen abends 4000 Leute irgendwo ein Bett finden. Wie die Teile eines Puzzles fügen sich die Aktivitäten der Organisatoren und ihrer Partner auf der Strecke und an den Etappenorten zusammen. Dass diese Teile zueinander passen, beruht auf viel Organisation, wenig Improvisation – und auch auf einer Portion Glück. Und wenn nach drei Wochen Rennspektaktel das Fahrerfeld in die Zielgerade auf den Pariser Champs-Élysées einbiegt, wird das letzte Teil ins bunte Bild eingesetzt, welches Millionen von Menschen Jahr für Jahr von neuem begeistert.

DIE MANNSCHAFT

saeco
saeco
saeco
Coca-Cola
cannondale

Megastar mit Spezialwünschen: Mario Cipollini bei der morgendlichen Ehrung des Spurtsiegers in Avesnes-sur-Helpe; der Lenkervorbau des Cipollini-Rades in Le Puy-du-Fou.

◂ Business-Breakfast: Saeco-Teammanager Claudio Corti gibt beim Frühstück in Le Grand-Bornand die Strategie für die Tagesetappe bekannt.

▸ Der Verbindungsmann: Giuseppe Calcaterra richtet in Nantes zusammen mit dem Sportlichen Leiter Guido Bontempi vom Saeco-Team die Funk-Sprechgarnitur ein.

Sodexho

77

Saeco
Saeco
Saeco
Saeco
cannondale
cannondale
cannondale
cannondale
71

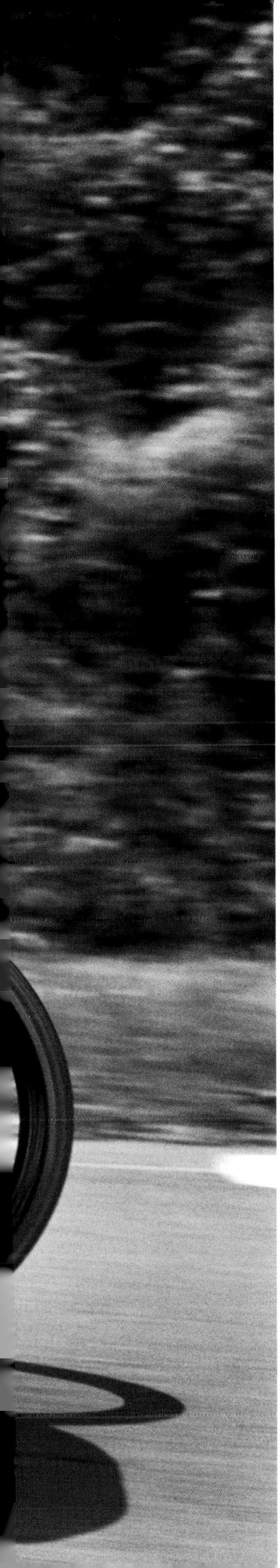

Das Saeco-Team rollt: Sprintkünstler Mario Cipollini in einer Abfahrt vor Thionville; der Sportliche Leiter Antonio Salutini kurz vor dem Start in Nantes; der Mechaniker Giuseppe Archetti gönnt sich im ersten Mannschaftswagen ein Nickerchen.

▸ Der Wasserträger: Francesco Secchiari holt vor Thionville im Mannschaftswagen Nachschub für seine Teamkollegen.

Saeco
FESTINA WATCHES
Saeco
Saeco
Saeco
FIAT
FESTINA
WATCHES
Saeco
79

Saeco
VITALICIO
SEGUROS
FIAT
406 BVA 92
cannondale
Saeco

Entspannung für Leib und Seele: Armin Meier wird im Hotel in Saint-Flour vom Masseur Andrea Semenzato durchgeknetet; Laurent Dufaux liest vor dem Start in Nantes «L'Équipe», die französische Radsportbibel.

▸ Ziel erreicht: Armin Meier, Laurent Dufaux und Salvatore Commesso, die drei Verbliebenen des Saeco-Teams, nach der Ankunft auf den Pariser Champs-Élysées.

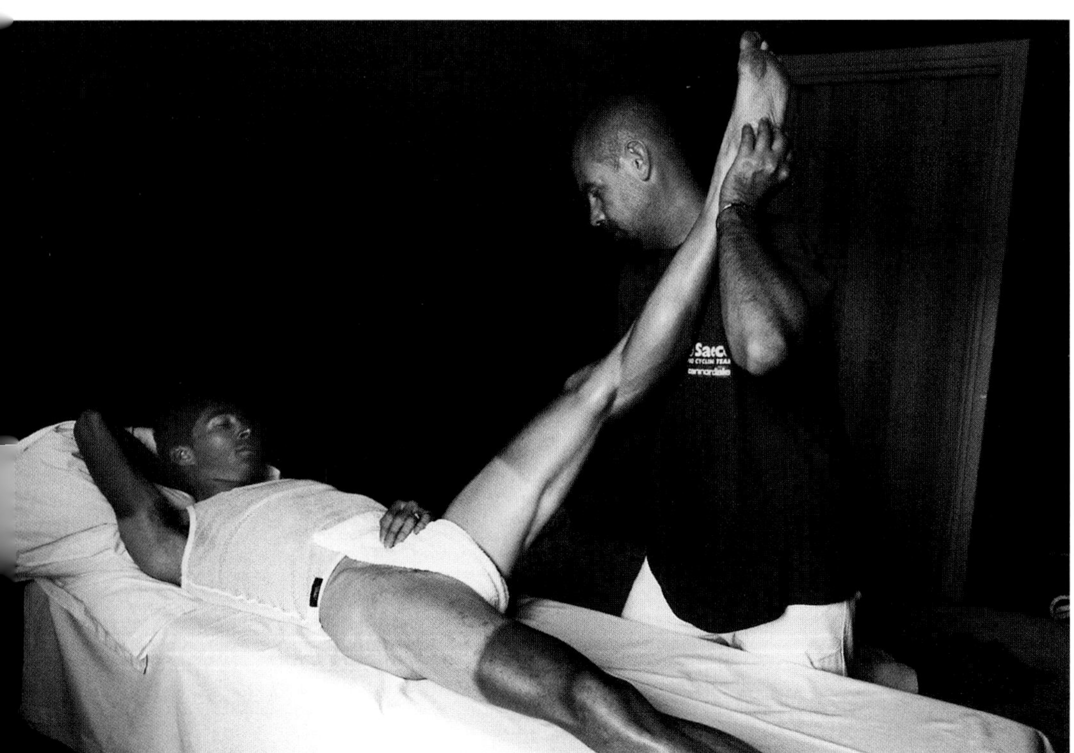

cannondale
ESTRO
Le nouveau
monde de

Saeco
MACCHINE DA CAFFE
cannondale

FIAT
300
Saeco
MACCHINE DA
cannondale
Saeco
cannondale
COSMIC

Teile und herrsche

Elmar Wagner

Auf dem Dach des ersten Mannschaftswagens dreht ein Vorderrad. «Cipo» steht darauf. Cipo, wie Cipollini. Doch der Sprinter ist nicht mehr dabei. Der Star hat es eben leichter: Wenn sich die hohen Berge am Horizont abzeichnen, steigt er aus. Und niemand nimmt es ihm übel. Eigentlich wollte Mario Cipollini erst in Sestriere aufgeben. Doch dann stürzte er in der Abfahrt vom Col de Montgenèvre; eine Wunde musste genäht werden. Es war ein unwürdiger Abgang für einen, der zuvor die Sprints dominiert hatte. Immerhin durfte er nach Hause. Seine Teamkollegen aber müssen weiter. Ihnen droht die Alpe d'Huez, später stehen die Pyrenäenpässe Peyresourde, Tourmalet und Aubisque im Weg. Jene, die für Cipollini den Rücken krümmten, werden sich nicht mehr um jeden Preis über die Steigungen quälen. Es herrscht das Prinzip der Arbeitsteilung: Die Schwerarbeit müssen nun andere leisten. Sie haben Laurent Dufaux, den Mann fürs Gesamtklassement, nach Paris zu geleiten. Nur drei Fahrer werden schliesslich an der Tour 1999 die Champs-Élysées erreichen. Ein Blick auf das austarierte, aber fragile Innenleben eines Profiteams.

Wie Antonio Salutini um 6.30 Uhr aufsteht, bemerkt er sofort, dass die Blutkontrolleure des Weltverbandes wieder nicht gekommen sind. Der Sportliche Leiter des Teams Saeco blickt aus dem Fenster des Hotels «Le Castillan» in L'Alpe-d'Huez. Scharf heben sich die savoyischen Alpen gegen das Blau ab. Da weiss Salutini, dass der Tag gut werden wird. Eine Überführungsetappe von knapp 200 Kilometern steht an. Seine Leute haben Erholung nötig. Zuerst diese Woche mit den verrückten Sprints, dann das Zeitfahren und die beiden Bergetappen. Nie hat die Anspannung nachgelassen. Und heute? Noch elf Tage bis Paris.

Armin Meier, der Radprofi, fühlt sich noch immer kaputt. Als er am Vortag erwachte, glaubte er, eben erst ins Ziel gekommen zu sein. Sein Körper ist aus Blei. Zum Morgenessen gibt es Kaffee, Brot und Omeletten. Später kommen noch Spaghetti mit Olivenöl und Parmesan auf den Tisch. Salutini, der Sportliche Leiter, spricht zu seinen Leuten. Wenn der Tag kompliziert zu werden droht, dauert das ziemlich lange. Die Taktik legt er dann im Mannschaftsbus aus. Doch heute genügen ihm wenige Minuten und der Frühstückssaal. Noch sechs Fahrer sind im Rennen: Laurent Dufaux, Armin Meier, Salvatore Commesso, Giuseppe Calcaterra, Mario Scirea und Francesco Secchiari. Salutini verschreibt ihnen Erholung und verbietet die Beteiligung an Fluchtgruppen. Armin Meier geht zum Mechaniker, um eine Position an seinem Rad verändern zu lassen.

Der Mechaniker

Giuseppe Archettis Leben ist der Radsport. Als 6-Jähriger fuhr er seine ersten Rennen, als 21-jähriger Amateur hörte er auf damit. Danach heuerte er als Mechaniker bei grossen Teams an. «Es ist ein Trost, nach der Aktivkarriere im Metier bleiben zu können», sagt er. Archettis Arbeit beginnt am Vorabend, nach dem Rennen. Es gilt, die gebrauchten Rennmaschinen auseinander zu nehmen und zu reinigen. Ketten, Felgen und Pneus werden auf ihre Abnützung hin geprüft; Ritzel und Felgen sind dem Etappenprofil des folgenden Tages anzupassen. Für die Alpe d'Huez montierte Archetti das 23er-Ritzel und die leichten Mavic-Felgen; in den Hügeln genügt der 21er und das normale Rad.

Häufig müssen die Mechaniker ihren Arbeitsbereich vor der Unterkunft mit Plastikbändern abgrenzen, sonst stehen ihnen Zuschauer auf den Füssen herum. Es imponiert, wie sie da drehen, putzen und genau hinschauen. Das Rennrad ist ein heikles Objekt, und die drei Saeco-Mechaniker zelebrieren ihren Auftritt. Die Speichen blitzen in der Sonne.

Archettis Leben ist anstrengend, vor allem zu Beginn der Tour. Zusammen mit seinen Leuten muss er das neue Material in den Griff bekommen, und die Fahrer haben lauter Sonderwünsche. Archettis Arbeit beginnt dann schon um sechs Uhr morgens, beendet ist sie abends nie vor neun. Wenn Fahrer aufgeben, wird es einfacher. «Drei weniger ergeben eine Stunde mehr Schlaf», rechnet Archetti vor. Im Camion führt er 78 Paar Räder und 36 Rahmen mit – fürs Zeitfahren, für die Flachetappen, für die Bergetappen. Auch in den Farben Grün und Gelb sind Rennräder vorhanden. Schliesslich will man bereit sein, falls einem Fahrer das Maillot jaune oder das Trikot des Punktebesten übergestreift werden sollte. Auf rund 600 000 Franken beläuft sich der Materialwert der Tour-Utensilien. Am meisten Rennräder stehen für Cipollini, den Sprinter, bereit. Es sind deren sechs. Vor wenigen Jahren noch reichten ein Fiat Ducato und ein Camper für den Materialtransport an der Tour. Unterdessen ist das Volumen doppelt so gross, ohne Lastwagen geht es nicht mehr. Vor allem die Entwicklung der Maschinen für das Zeitfahren hat eine Unmenge an neuem Material gebracht: Rahmen, Lenker, Räder.

Während des Rennens sitzt Archetti, der Chefmechaniker, auf dem Hintersitz eines Mannschaftswagens. Er reicht eisgekühlte Bidons und Helme nach vorne, den Blick auf den Bordfernseher geheftet. Aussergewöhnliches teilt er dem Sportlichen Leiter sofort mit. Manchmal muss sich Archetti aus dem Fenster lehnen, um einen Fahrer zu depannieren. Es sind ausgefüllte Tage. Richtig ruhig wird es auch ausserhalb der Tour nicht: Der Mann aus Brescia kommt auf höchstens zwei Ferienwochen pro Jahr. «Ich esse Radsport und Brot», sagt er. Nach der Saison muss er mit den Lieferanten verhandeln, Material bestellen und es vorbereiten. «Das merkt kaum ein Fahrer», stellt Archetti fest. Die Anerkennung wird ihm materiell vermittelt: 15 Prozent der gesamten Tour-Prämien stehen den Angestellten zu.

Die Abfahrt

Federico Borselli ist der Chauffeur des Saeco-Busses. Zehntausende von Kilometern jährlich haben ihn zum Steuerkünstler gemacht. Engste Passagen bewältigt er mit der Ruhe eines Platzanweisers. Ist das Mannschaftshotel zu weit vom Startort entfernt, fährt Borselli die Fahrer an den Ort des Geschehens. Manchmal hat er auch Platz für andere. Auf dem Weg nach Le Bourg-d'Oisans lässt er zwei Blondinen in den Bus steigen. Er offeriert Kaffee und Biskuits. Dann drückt er ihnen ein Foulard, eine Mütze und einen Prospekt in die Hand. Die beiden Holländerinnen sind ziemlich beeindruckt und lachen nervös. Borselli lädt sie zum Tour-Ende nach Paris ein. Die Blondinen sind sprachlos.

Die Fahrer treffen ein. Vor schweren Etappen verschanzen sie sich im Bus, horchen in sich hinein, pflegen ihre Nervosität. Nun aber mischen sie sich im Zeltdorf unter die Leute. Commesso gibt ein Interview, drei andere trinken einen Kaffee und überfliegen die Schlagzeilen der

Radsportbibel «L'Équipe». Armin Meier begibt sich erstmals an dieser Tour ins «Village». «Das ist ein Zeichen, dass ich kaputt bin», sagt er. Er trinkt Coca-Cola, das Getränk eines Hauptsponsors der Tour.

Nach dem Startschuss drängt der Harn. Kaum sind hundert Meter gefahren, stellen die Fahrer ein Bein in die Wiese und pinkeln. Es bläst ein Gegenwind; der Strahl ist nicht einfach zu lenken. Im Auto lässt es sich länger aushalten. Erst nach zwei Stunden muss sich Salutini, der Sportliche Leiter, erleichtern. Er funkt dem Wagen Nummer zwei, auf dass dieser seine Position in der Wagenkolonne übernehme. Die Landschaft ist weit, es wiegt das Korn. Salutini und der Mechaniker steigen aus, stellen beide Beine in die Wiese. Zwischen Le Bourg-d'Oisans und Saint-Étienne wird das ihr einziger Bodenkontakt bleiben. Die Fahrer rollen zügig, mit beinahe 50 Stundenkilometern. Armin Meier pendelt am Ende des Feldes.

Die Fahrer

«Armin ist stark», sagt sein Masseur. Doch Armin denkt immer wieder ans Aufgeben. In der ersten Tour-Woche hat er im Finale hin und wieder Tempo für Cipollini gemacht, obwohl er dazu nicht verpflichtet gewesen wäre. Nun büsst er für seinen generösen Einsatz. Meier will sich hier «nicht totfahren», schliesslich habe er noch die Spanien-Rundfahrt vor sich. Es ist dies Meiers erste ganze Tour de France. «Es ist wahnsinnig, was hier abgeht. Wenn ich einen Bidon wegwerfe, rennen die Zuschauer blindlings auf die Strasse.» Meier ist als Helfer mit Freiheiten ins Abenteuer gestiegen. Diese Freiheiten bestehen darin, sich in einem Teilstück, das für die Teamleader keine Gefahren birgt, in einer Fluchtgruppe einzubringen. Meier ist einer wie Commesso: Wenns ihm läuft, hält ihn nichts im Feld. Salvatore Commesso, der italienische Meister, wird dank seinem Tatendrang das 13. Teilstück der Tour 1999 gewinnen.

Schon im November des Vorjahres ist jeweils bekannt, wer vom Team ins Abenteuer Tour de France geschickt wird. Änderungen gibt es danach kaum mehr; nur Verletzungen können das Aufgebot noch tangieren. «Aus 21 mach 9» heisst die Aufgabe für Salutini, den Sportlichen Leiter. Das ist umso schwieriger, als für eine italienische Mannschaft eigentlich der Giro d'Italia das Mass der Dinge ist. Es gilt also gleich zwei starke Teams zu formen. Salutinis Selektionskonzept für die Tour ist einfach: drei bis vier Leute, die Cipollini im Finale den Weg ebnen, zwei bis drei fürs Gesamtklassement und zwei mit kleinen Freiheiten in den Überführungsetappen. Wichtig sei, sagt Salutini, einige Profis mit grosser Erfahrung im Aufgebot zu haben. Zum Beispiel Mario Scirea und Giuseppe Calcaterra, die sich schon durch mehr als ein Dutzend grosser Rundfahrten gebissen haben. «Das sind Fahrer, die wissen, woher der Wind weht», sagt Salutini. Sein schönes Konzept geht allerdings nicht ganz auf: Paolo Savoldelli, der Gesamtzweite des Giro 1999, ist schon in den Alpen übermüdet ausgestiegen. Giro und Tour sind für ihn zu viel gewesen.

«Das Dach des Mannschaftswagens spiegelt die Hierarchien. Einzig für die Leader werden je zwei Ersatzräder mitgeführt, und zwar dort, wo sie am schnellsten zu demontieren sind.»

Der Star

Zum Glück gibts Mario Cipollini. In Thionville hat er die vierte Etappe in Folge gewonnen. Das ist seit Charles Pélissier anno 1930 keinem anderen mehr gelungen. Cipollinis Name wird in die Geschichtsbücher gerückt. Das ist angemessen für einen, der in seiner elfjährigen Profikarriere mehr als 140 Rennen gewonnen hat. «Glück und Unglück haben jene, die es verdienen», sagt Cipollini. Eigentlich fehlt ihm nur noch das Grüne Trikot des Punktebesten. Doch bei seinen sieben Tour-Teilnahmen hat er es nie bis Paris geschafft. «Physisch könnte er es, doch der Kopf will nicht», sagt Salutini, der Sportliche Leiter. Er akzeptiert es.

Cipollini ist eine Diva. Die Kosenamen «Super-Mario», «Re Leone» und «Il Magnifico» schmeicheln ihm. Am Morgen vor der ersten Alpenetappe ist er verkleidet als Julius Cäsar aufs Fahrerpodium gestiegen, ein goldfarbener Lorbeerkranz im gewellten Haar. Mit imperatorischer Geste hat er das Publikum begrüsst. Dies hat das Team einige tausend Franken Busse gekostet. Cipollini weiss, was er wert ist. Sonderwünsche hat der Star. «Er ist kompromisslos, in jeder Beziehung», sagt Archetti, der Chefmechaniker. «Daher muss er alles haben, was an einem Rennrad speziell sein kann.» Archettis Beziehung zu Cipollini geht nicht über das rein Berufliche hinaus. Diejenige von Salutini, dem Sportlichen Leiter, sehr wohl. «Cipollini braucht sehr viel Aufmerksamkeit. Es ist wichtig, ihn gut zu kennen.» Salutini steht schon seit sechs Jahren an seiner Seite; aus dieser Vertrautheit erst wächst der Erfolg. Der Star pflegt seinen Status. Nie käme es ihm in den Sinn, für seine Teamkollegen den Wasserträger zu spielen.

Das Wasser

Nach gut zwei Rennstunden hat sich die Hitze in die Leiber der Rennfahrer gebrannt. In den sanften Hügeln der Ardèche lassen sich Calcaterra, Scirea, Commesso und Meier immer häufiger zum Mannschaftswagen zurückfallen, um Bidons für die Durstigen zu holen. Rund 50 Getränkeflaschen liegen in jedem der Mannschaftswagen bereit. Die Fahrer verlangen Coca-Cola, Wasser oder isotonische Flüssigkeit. Im Handschuhfach von Salutinis Wagen liegen zwei Röhrchen mit Vitamin-C-Tabletten. Meier verlangt gleich vier Bidons. «Aber schnell, bevor sie angreifen», ruft er dem Sportlichen Leiter zu. Sie greifen nicht an. Und die Saeco-Fahrer halten sich zurück, wie befohlen. Salutini ist zufrieden. Ein Tag der Zurückhaltung ist ein Ruhetag.

Die Taktik

Das Dach des Mannschaftswagens spiegelt die Hierarchien. Einzig für die Leader werden je zwei Ersatzräder mitgeführt, und zwar dort, wo sie am schnellsten zu demontieren sind. Auf dem Wagen Nummer eins haben sonst nur noch die Räder der wichtigsten Helfer Platz; in Flachetappen sind das andere als in Bergetappen.

In den Flachetappen dreht sich alles um Cipollini. Im Windschatten wird er auf die letzten paar hundert Meter geführt; dann erst kommt der Auftritt des Sprinters. Mit mechanischer Präzision läuft das Finale ab. Hundertfach durchgespielt sind die hektischen Bewegungen. Ab Kilometer 5 spielt Calcaterra die Lokomotive, bei Kilometer 1,5 übernimmt Scirea, ab 600 Metern vor dem Ziel bietet Fagnini Deckung. Der Sprinter selber darf sich erst ganz am Schluss ungeschützt zeigen. Cipollini siegt meistens von der Spitze aus. Bei knapp 70 Stundenkilometern kann er noch einmal Schub geben wie sonst keiner. Aller Jubel gilt dem Mann der letzten Meter. Kaum einer der Zaungäste wird anmerken, dass der «rote Zug» wieder perfekt gerollt sei.

Der Lenker dieses Zuges heisst Calcaterra; in den Flachetappen ist er via Funk mit dem Sportlichen Leiter verbunden. Der langjährige Profi dirigiert seine Teamkollegen schon früh in die strategisch wichtigen Positionen. Ziel dieser Hintergrundmanöver ist es, möglichst lang Kräfte zu sparen. Das ist so einfach nicht und führt zum Paradoxon, dass in sämtlichen Fluchtgruppen ein Saeco-Mann vertreten sein muss. Andernfalls erwartet die Gegnerschaft, dass das Team mit dem Sprinter alleine nachführt. Wenn es trotzdem schief zu laufen droht, greift Salutini auf Freundschaften zu anderen Sportlichen Leitern zurück. Das sind Verbündete, denen man irgendwann irgendwo einen Liebesdienst erwiesen hat. Im Notfall helfen deren Fahrer, das Loch zur Fluchtgruppe zu schliessen. Die Tour ist ein subtiles Spiel von Geben und Nehmen.

Die Helfer

Das gilt auch für die Helfer des Sprinters. Einerseits müssen sie fähig sein, auf den letzten Kilometern horrende Tempi zu bolzen. Andererseits dürfen sie kaum je ihre eigenen Chancen wahrnehmen. Ihre Siege können sie an einer Hand abzählen. Belohnt werden sie mit überdurchschnittlichen Löhnen und einem schönen Anteil an den Prämiengeldern. Schwierig ist es trotzdem, solch selbstlose Adlaten zu finden. Fällt ein Glied aus der Kette, muss ein neues her, das exakt in die Lücke passt.

In den Bergetappen muss die Taktik aus dem Moment reifen. Zwar ist dort eine logische Unterstützung für den Leader vorgesehen. Sie verspricht ihm für jedes topografische Profil zwei oder drei Teamkollegen. In den steilen Aufstiegen aber werden die Konzepte oft zur Makulatur. Dann ist der Leader nur mehr einsamer Solist im Tunnel des Leidens. Für die erste Alpentraversierung der Tour 1999 hatte Dufaux eigentlich mit Savoldelli gerechnet. Doch dieser hing schon vor dem Galibier in den Seilen. «Nicht angreifen, einfach mit den Ersten mitgehen», hatte Salutini Dufaux am Morgen eingeschärft. Also richtete sich der Mann fürs Gesamtklassement auf die gegnerischen Kletterer aus: Wenn Alex Zülle, Richard Virenque oder Iwan Gotti aus dem Sattel stiegen, ging er mit. Dufaux vergass darob das Essen, im Schlussaufstieg nach Sestriere stand er beinahe still. Hungerast. Adieu, schöne Taktik.

Die Entscheidung

Sechzig Kilometer vor Saint-Étienne ist die Entscheidung gefallen. Eine siebenköpfige Fluchtgruppe hat einen Vorsprung von über zehn Minuten. Es riecht nach frisch geschnittenem Gras. Die Zuschauer drängen auf die Strasse. «Virenque, Virenque!», schreien Transparente dem Tross entgegen. Am meisten Aufmerksamkeit aber wird den Fernseh-Helikoptern zuteil. Mit eifrigem Winken hoffen die Zuschauer, in der Masse als Individuum wahrgenommen zu werden.

Immer wieder ruft ein Fahrer nach dem Mannschaftswagen. Salutini schert dann null Komma plötzlich aus der Kolonne. Häufig sind andere Sportliche Leiter ebenso in Eile, und zwischen den Blechen wird es eng. Millimeter voneinander getrennt, rasen die Karossen dem Ziel entgegen. Einscheren, ausscheren, einscheren, ausscheren. Salutini hält locker den Ellbogen im Fenster und lächelt unentwegt. An kaum einem Auto sind Kratzspuren zu entdecken: Auch die Sportlichen Leiter sind Steuerkünstler. Die meisten waren zuvor Radprofis. Früh haben sie gelernt, in der Enge Weite zu schaffen.

Die Teamarbeiter

Ist der Manager Claudio Corti abwesend, hält Antonio Salutini, der Sportliche Leiter, das Team zusammen. Corti war 1977 Amateur-Weltmeister, Salutini wurde an der Tour de Romandie 1971 Zweiter. Sie kennen das Metier von ganz innen. Salutinis Perspektive ist noch weiter: Von seinen 30 Giri d'Italia hat er 7 als Sportlicher Leiter und 14 als Masseur mitgemacht. Als Wadenkneter lernte er die Feinheiten der Kommunikation. Zu den Fahrern habe er jeweils eine bessere Beziehung gehabt als der Sportliche Leiter selber. Darum will Salutini heute grösstmögliche Transparenz, und zwar beiderseits. «Die Fahrer müssen mich gut kennen – und ich sie», sagt er.

Das gilt auch für die anderen Angestellten. Saeco ist aus dem Team Mercatone Uno gewachsen, das 1992 in der Toskana entstanden war. Noch heute stammen die Leute mehrheitlich aus jener Gegend. Die meisten der drei Sportlichen Leiter, drei Ärzte, fünf Masseure und vier Mechaniker sind schon jahrelang dabei. Wechsel sind primär durch höhere Umstände bedingt: Heirat oder Geburt. Das ergibt gegenseitiges Vertrauen und ein verinnerlichtes Ziel. «Wir müssen ein Team sein, das gewinnt», sagt Salutini. Das ist die einzig mögliche Vorgabe für eine Mannschaft, die zu den Stärksten zählt und alljährlich rund acht Millionen Franken kostet – die flankierenden Werbemassnahmen nicht eingerechnet.

Das Profiteam Saeco beschäftigt 40 Angestellte, Fahrer inklusive. 25 erhielten ein Aufgebot für die Tour. Der Hauptsponsor Saeco ist der weltweit führende Hersteller vollautomatischer Espresso- und Kaffeemaschinen. Dessen Hauptaktionäre sind Sergio Zappella und Arthur Schmed. Beide sind im Zürcher Oberland in der Schweiz aufgewachsen, beide sind Hobbyfahrer. «Arthur ist zuerst auf dem Berg, ich bin zuerst in der Bar», scherzt Zappella, der Präsident.

Salutini, der Sportliche Leiter, geht im Radsport auf. 365 Tage im Jahr denkt er an nichts anderes. Seine Leute, sagt er, können ihn rund um die Uhr erreichen, wenn sie ein Problem haben. Seinen Sohn kennt er deutlich weniger gut, darum nimmt er ihn mit an die Tour de France. Es ist dies Salutinis zehnte Reise durch den französischen Sommer. «Die Tour ist in den letzten paar Jahren zu gross geworden. Sie verschlingt alles und funktioniert nur, weil die Organisatoren Diktatoren sind», hält er fest. Der Sportliche Leiter bleibt darob nüchtern. Er weiss, dass es die Tour ist, welche die Fahrer gross macht.

Die Einfahrt

Am letzten Berg, dem Col de la Croix de Chaubouret, setzt sich einer aus der Fluchtgruppe ab. Kurz vor fünf Uhr nachmittags fährt der Ausreisser als Sieger in Saint-Étienne ein. Das Feld folgt mit einem Rückstand von 22 Minuten. Salutini, der Sportliche Leiter, zeigt keine Regung. Er ist zufrieden; seine Fahrer haben sich erholen können. Besonderes ist nicht passiert. Erinnerlich bleibt, dass irgendwo ein Kleinkind den Abhang hinunterrollte.

Hinter dem Ziel steigen die Fahrer in den Bus. Mit feinem Holz, einer Kaffeemaschine und zwei Duschen ist er ausgestattet. Doch geduscht wird nur, wenn sich das Hotel mindestens eine Fahrstunde vom Ankunftsort befindet. Meier, der Radprofi, zieht sich also um. Getränke, belegte Brote und Cornflakes stehen bereit. Salutini fährt im Mannschaftswagen weiter, er muss den Teamarzt vom Flughafen abholen. Dr. Giovanni Falai kommt pünktlich an. Klein und rund ist er, von umwerfender Gemütlichkeit.

Der Arzt

Der Dottore steht jenseits der Pensionsgrenze und ist vom Sport sehr angetan. Der Fussballklub Empoli Calcio und das Profiteam Saeco sind seine Leidenschaft. Bei Empoli wirkt er seit 1973, zu Saeco gehört er seit der ersten Stunde. Falai war einer der ersten Ärzte im Radsport. Mitte der 60er-Jahre betreute er bei Filotex Leute wie Franco Bitossi oder Rolf Maurer. Francesco Moser begleitete er bereits als Amateur über die Landstrassen. Zu jener Zeit führte der Dottore eine Praxis und reiste das halbe Jahr den Fahrern nach. Noch heute umfasst seine jährliche Ration Radsport rund 100 Tage. An der Tour hält er Medikamente bereit und überwacht die Tätigkeit der Masseure. Er kontrolliert die Hämoglobin- und Zuckerwerte. Manchmal steckt er den Fahrern Infusionen mit Vitaminen, Glukose und Aminosäuren. Mit Essen allein können sie die verlorenen Kilokalorien nicht ersetzen.

In der zweiten Hälfte einer grossen Rundfahrt sind die Verbliebenen ziemlich zerbrechlich. Der Dottore will möglichst viele bis nach Paris bringen. Gegen den mentalen Stress hat er eine Therapie bereit, und auch den physischen Widerwärtigkeiten begegnet er mit Fürsorge. «Ich kämpfe dagegen, dass sich die Fahrer Privatärzte halten», sagt er. In Einzelgesprächen redet er mit ihnen darüber. Der moderne Radsport habe etwas verloren, sinniert er. Wie er da so spricht, mit seinen wachen Augen, glaubt man ihm.

Die Erholung

Die Masseure kommen schon am frühen Nachmittag im Hotel an. Das «Charpinière» liegt idyllisch in einem kleinen Park in Saint-Galmier. Andrea Semenzato stellt die Koffer der Fahrer in die Zimmer, zieht die Betten auseinander und stellt Wasserflaschen in den Korridor. Die Trikots der Fahrer müssen gewaschen werden; im Camion wird eigens dafür eine Waschmaschine mitgeführt. Meistens reicht es dem Masseur danach noch, das Finale eines Rennens mitzuverfolgen. Wenn die Fahrer ankommen, stehen ihnen Jogurt, Müesli und gekochte Kartoffeln bereit.

Nach der Zwischenverpflegung beginnen die Massagen. Meier und Dufaux, die beiden Schweizer, teilen sich Semenzato. Der eine will mehr Druck auf die Muskeln, der andere weniger. Der Masseur spürt sofort, wie die Fahrer drauf sind. Manchmal, wenn sich die Muskeln

«Vor dem Hotel staunen Väter und Kinder. Sie warten und hoffen auf ein Autogramm oder ein freundliches Wort eines Fahrers.»

nicht so gut anfühlen, erzählt er ihnen, dass sie gute Beine hätten. Auch des Masseurs Arbeit zieht sich in die Länge. Morgens sind die Verpflegungssäcke abzupacken, Lebensmittel zu kaufen und die Koffer der Fahrer zu verladen. Abends bereitet der Masseur die Sandwiches für den kommenden Tag vor. Die Wünsche der Fahrer werden berücksichtigt.

Der Koch

Saeco leistet sich keinen Koch. Willy Balmat vom Team US Postal ist seit Jahren der einzige an der Tour. Der Zürcher kochte schon Ende der Achtzigerjahre das amerikanische Team Seven Eleven durch die Frankreich-Rundfahrt. Greg LeMond, der frühere Tour-Sieger, wollte ihn danach als persönlichen Koch verpflichten. Erst als ihn Jahre später Lance Armstrong bat, für das Team US Postal zu kochen, sagte er zu. Balmat muss in den Tour-Hotels jeweils in die Küche eindringen, ins Heiligtum der Franzosen. Die Köche sehen den Fremden nicht gerne. Häufig öffnen erst seine Autogramme, Mützen und Bidons die Herzen und Schränke. Balmat kocht den Fahrern «richtiges» Risotto und Spaghetti al dente. Die Saucen sind täglich anders, mal mit Knoblauch, mal mit Roquefort, mal mit Tomaten. Die 18 Kilogramm Spaghetti, 12 Kilogramm Risottoreis, 6 Kilogramm Parmesan, 2 Kilogramm Bündnerfleisch und echten Safran bringt er aus der Schweiz mit.

Die Leiter der meisten Profiteams würden sich zu wenig um die moderne Ernährung kümmern, behauptet der Koch. «Die investieren lieber in einen grossen Mannschaftsbus.» Heute tischt er häufiger Gemüse auf als früher, immer kurz durchs Olivenöl geschwenkt. «Am liebsten aber würden die Rennfahrer jeden Tag Crêpes mit Schokoladencreme essen», sagt Balmat. Doch der gelernte Koch und einstige Flight Attendant, dessen Eltern in Zürich-Wipkingen ein Restaurant besitzen, führt ein strenges Regime. Crêpes gibt es nur bei einem Etappensieg, dafür gleich drei für jeden. Balmat ist nur während der Tour als Radsport-Koch angestellt. Das ganze Jahr hindurch würde er das nicht aushalten, sagt er.

Der Abend

Vor dem Hotel staunen Väter und Kinder. Sie warten und hoffen auf ein Autogramm oder ein freundliches Wort eines Fahrers. Bis in die Korridore trauen sie sich nicht, aus Angst, es würde die Aura zerstört. Die Gesuchten zeigen sich selten, selbst wenn es ihnen langweilig ist. Das Glück kann trotzdem unerwartet über die Wartenden hereinbrechen. Tage zuvor hatten Cipollini, Calcaterra und Scirea vor dem Hotel einige Knaben angehalten und zu einem dreiteiligen Radrennen angestiftet. Wer ist der Schnellste bergauf, bergab und geradeaus? Forza, forza! Der Sieger wurde von der Empfangsdame des Hotels geküsst.

Nach der Langeweile gehen die Fahrer zum gemeinsamen Essen, dann machen sie ein paar hölzerne Schritte an der Abendluft. Die Gespräche sind gedämpft. Meier und Dufaux teilen sich ein Zimmer, drei Wochen lang. Die Beziehung ist oberflächlich, kurz die Zeit des wirklichen Zusammenseins. «Gegen den Schluss der Tour können wir einander nicht mehr ausstehen», sagt Meier. Er liest in einem Buch. Spätestens um elf ist Lichterlöschen. Als Letzter weibelt der Dottore durch den Gang. Am Morgen wird er die Fahrer zwanzig Minuten vor dem Essen wecken und ihnen Blutdruck und Puls messen. Noch zehn Tage bis Paris.

DIE TOUR ROLLT

104
DAIKIN
145
165
Banesto
81
87
0 802 302
COFIDIS

Durch Felder und Wiesen: unterwegs nach Neuchâtel.
◀ Kein Sonntagsbummel: das Fahrerfeld vor Thionville.
▶ Der Lohn für den harten Aufstieg: Abfahrt vom Col de Tamié.
▶▶ Eine Spur durch das Meer: Die Passage du Fois in der Bretagne kann nur bei Ebbe passiert werden.

COLUMBUS

DAIKIN
Lampre

adidas

Gigantisch, aber nicht aus Fleisch und Blut: Werbeträger des Sponsors Champion bei Tarascon-sur-Ariège. ▸ Öffentliches Leiden, schon vor dem Start: Alex Zülle wärmt sich vor dem Zeitfahren in Metz auf der Rolle auf.

Banesto

Archaische Kraft, modernste Technik:
Alberto Elli vom Team Deutsche Telekom
beim Zeitfahren in Futuroscope.

Im Banne der Tour: Fachsimpelei im Café vor dem Etappenstart in Aix-les-Bains; Warten auf den Lieblingsfahrer in Tarascon.

▸ Der Liebling im Maillot à pois: Bergpreisleader Richard Virenque wird im Startgelände in Lannemezan umschwärmt.

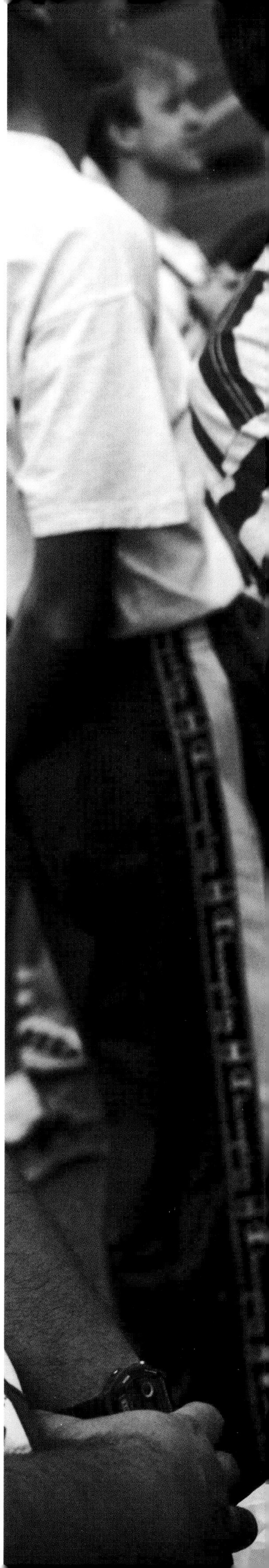

FESTINA
PEUGEOT
Sibille

RTL
102.5
LA RADIO

SMS
COPPI
TEAM
SMS
Santini
Fausto
COPPI

Für einmal sind die Monumente nur Kulisse: Zuschauertribüne auf der Place de la Concorde in Paris; letzte Runden beim Arc de Triomphe.
▸ Dem Triumph nahe: Tour-Leader Lance Armstrong im Maillot jaune kurz vor dem Endspurt auf den Champs-Élysées.

DAIKIN

UNITED STATES
VISA
183

Innenansichten der Tour de France

Urs Zimmermann

Die Tour rollt, die Etappe geht in die entscheidende Phase. Gebannt sitze ich vor dem Bildschirm. Jetzt kommt die Spitzengruppe mit allen Favoriten ins Bild. Ein Fahrer sitzt ganz locker im Sattel und klebt, wie abwesend, am Hinterrad des Mannes vor ihm, gibt irgendwem in der rückwärts fallenden Kolonne des Fahrerkreisels einen Wink. Hinter ihm kämpft ein anderer Fahrer verzweifelt, um am Rad zu bleiben. Der Kameramann zoomt einen dritten Rennfahrer heran; sein Gesicht erscheint übergross und scharf auf dem Bildschirm. Alle Emotion ist aus diesem Gesicht gesogen. Höchste Konzentration steht in ihm geschrieben, und doch ist es locker; oft fällt ein kleines Leiden weg, erscheint der Schimmer eines hochfliegenden Glücks, Stolz, dann wieder abrupt abgründiges Verlorensein. Alles lässt sich aus diesem Gesicht lesen.
Vor mir läuft eine dreizehn Jahre alte Aufzeichnung und – ich schaue in mein eigenes Gesicht. Der Kameramann hat es für immer festgehalten. Ich bestritt damals nicht meine erste Tour de France und auch nicht meine letzte. Aber meine bedeutendste. Ich war nicht irgendein Statist, sondern einer der Hauptakteure des grossen Theaters.

Wenn ich heute die alten Aufzeichnungen noch einmal sehe, überkommt mich ein zwiespältiges Gefühl. Was geschah damals wirklich? Wieso gab ich mich jahrelang mit Leib und Seele der Öffentlichkeit preis? Präsentierte mich ungeschützt den aufdringlichen Fernsehkameras? Ich wurde verletzt – und vielleicht gerade dadurch weitergetrieben.

Wut ergreift mich, und ich möchte davonrennen. Aber ich bleibe. Ich schaue der Vergangenheit ins Gesicht. Und es kommt auch ein wenig Stolz auf in mir: Ich gab mich einst ganz den Radrennen hin. Ich war dem Mythos Tour de France hoffnungslos verfallen.

Faszination Radsport

Imposante Persönlichkeiten und ihre Geschichten rufen. Ihre Wege sind vom unscheinbaren Anfang an nachvollziehbar. Auch Eddy Merckx war einmal ein kleiner Junge und suchte sich seine Helden aus.

Radrennen: Sie sind das Spiel der Individuen und Gruppen. Das unendliche, immer gleiche Spiel des Fahrerfeldes, das sich durch Städte und enge Schluchten windet, dann vom Winde zerrissen wird und sich in einen Schwarm Zugvögel oder am steilen Berg in einen Pilgerzug eines Ameisenvolkes verwandelt.

Auf den ersten Blick ist die Technik des Rennrades neben Formel-1 und Raumfahrt zwar banal, bei näherem Hinsehen aber entdeckt man bald den Kern der Faszination, die vom Radsport ausgeht: Nirgendwo sonst treffen Mensch und Technik so direkt aufeinander, ergänzen sich, widersprechen sich, stehen in einem äusserst komplexen Wechselspiel von menschlicher Physiologie und Mechanik. Auch das Risiko gehört zum Radsport – aber es ist nicht das Risiko, das die Artisten der Abfahrt macht, sondern die Begabung, einen Zustand zu erreichen, in dem der Körper instinktiv alle Physik beherrscht.

Für die Rennfahrer muss kein künstliches Stadion gebaut werden. Die gewachsene Landschaft ist die Kulisse, das feingliedrige Netz der Strassen des Alltags wird zur Bühne, auf der die Besten ihr Spiel der Welt öffnen. Und selbst wenn jeder Mitspieler weiss, dass die Ehre und das Geld, die locken, dem Käse in der Mausefalle gleichen, so begibt er sich doch in eine Zwischenwelt, aus der es kein Entkommen gibt.

Um in den Bann der Tour de France zu fallen, genügt es, als Junge am Fernsehen Radrennen zu verfolgen oder – dies ist eine weit verbreitete Sicht – Franzose zu sein. Und wer gegen die Tour ist, ist schon von ihr eingenommen. Die Tour ist ein Schicksal.

Das Tour-Virus befällt mit Vorliebe die auf der Erfolgsleiter aufsteigenden Rennfahrer, jene, die in den vorhergehenden Touren Ehrenplätze belegt oder mindestens eine andere grosse Landesrundfahrt für sich entschieden haben. Für sie muss der Giro d'Italia zum rennmässigen Training hinhalten, und die Tour de Suisse wird zur Aufwärmrunde, aus der sie sofort aussteigen, wenn es ein ganz wenig zu kalt ist. Die vielen Misserfolge vor der Tour relativieren die Infizierten spielend mit dem Hinweis auf das hohe Ziel, dem sie alles unterordnen. Und wären die Besessenen zum Verzicht gezwungen, sie wären am Boden zerstört – und innerlich schon bei der Tour des kommenden Jahres.

Ich gehörte zu den Süchtigen, und auch ich hatte mir meine Entschuldigungen zurecht gelegt. Ich wusste, die Weltmeisterschaft und die Spanienrundfahrt sind der Trost der Angsthasen und Verlierer.

Das Tor zur Tour

Die seltsame Wandlung, die jeder durchmacht, der die Welt namens Tour de France betritt, hatte ich schon in früheren Jahren erlebt. Aber damals, im Jahr 1986, musste ich meine Nerven immer heftiger zügeln, je näher das Ereignis rückte. Denn dieses Mal war ich für eine Hauptrolle auserkoren. Ich beruhigte mich, besann mich meiner Fähigkeiten und Ziele, ich hielt mir selbst die Normalität vor und ging als kühler Spieler durch die Tage. Ich versuchte, mich in den kleinen Dingen zu verlieren.

Aber schon nach der medizinischen Eingangskontrolle und den ersten Pressevorstellungen hatte sich alles verändert. Alles vorher, aber auch ein Nachher war weggesogen, von den Kameras, den Erwartungen, den Existenzängsten der Mannschaftsleiter, den eigenen Hoffnungen – alles hatte sich bereits durchdrungen. Es gab kein Zurück mehr. Wer sich hier nicht ganz hingibt, sich den unzähligen Kameras und tausend Journalistenfragen nicht stellt, kein hoch gestecktes Ziel angeben kann, der ist verloren. Der Marketingdirektor der Sponsorfirma stellte sich freundlich vor. Nun sollte die Tour drei Wochen lang meine Welt sein.

Und schon versteifte sich mein Körper unter der Last all dieser Eindrücke. Meine blanken Nerven würden mich gewiss schon am ersten Tag stürzen lassen, die Angst würde mich lähmen und am Startpodest festkleben. Wieso verliess ich meine Bescheidenheit, wieso liess ich mich auf dieses Rennen ein, wo doch jeder weiss, dass schon ein zweiter Platz eine schmerzliche Niederlage ist und nur die Randplätze des Podests der Gesamtwertung hier eine Ausnahme machen? Wie schön wäre es jetzt doch, zu Hause zu sein – und zuzuschauen. Aber ich musste hinausfahren in die Felder, in den offenen Raum. Erst als mein Blick den Horizont der fremden Gegend absuchte, trat die Befreiung ein: Ich war am Ziel, dem Absoluten, und da gab es nichts zu verlieren. Alle anderen Rennen sind ein Theater, und nur hier, an der Tour de France, wird alles ungeheuer real. Unsichtbare Grenzen. Wer weiss denn um den Unterschied zwischen 51 und 52 Stundenkilometern, nach 4 Stunden, nach Tagen und Wochen des harten Ringens um die beste Position im Feld? Hier lernt man ihn kennen.

Der Rennfahrer geht an die Tour

Im Jahr 1986 also stellte ich mich der grössten aller Herausforderungen. Die Tour verlangt nicht die vollständige Überwindung des schwachen Körpers durch den starken Willen, nein, sie fordert in einem Ritual, das spätestens beim Jahreswechsel beginnt, wenn die Vorsätze ausgesprochen werden, eine weitgehende Hingabe. Und die Tour muss gelesen – und verstanden – werden.

Schon nahte der Prolog, aber meine Gedanken waren anderswo. Ich wollte erneut aus dem Rennen gehen, doch mit der Flucht durch die Hintertür riskierte ich nicht nur den Vertrag für das nächste Jahr, sondern sogar meine ganze Karriere. Im Innern der Tour wird jede Regung aufgenommen, sicher aber die Angst. Und nur der, dem es gelingt, plötzlich ganz vorne aufzutauchen, dort, wo die exklusiven Kameras von «Antenne 2» das wirkliche Schauspiel moderieren, kann sicher sein, dass er eine

Spur hinterlassen hat. Tausend Freunde haben ihn gesehen, und im Archiv wird er lagern bis in alle Ewigkeit.

Als das Rennen begann, fand ich endlich Ruhe, fand ich Vertrauen in den schwebenden Teppich des Feldes. Der Tagesablauf nach der Ankunft am Etappenziel war gegeben: Autofahrt, Hotel, Massage, Essen, Telefongespräch, Schlafen, Essen. War man am folgenden Tag dem Rummel des Start-Village einmal entronnen, begann die Wanderschaft von neuem, und die Fahrt im Feld schützte mich vor dem Rest der Tour. Meine Aufgabe bestand darin, niemals einem Hauch von Wind ausgesetzt zu sein, Stürze zu vermeiden und dabei das Feld nie aus der Kontrolle zu verlieren. Die Losung, die der Technische Direktor für mich ausgegeben hatte, lautete: nicht gewinnen und keine Zeit verlieren. Gewinne das Zeitfahren, damit du keine Sekunde verlierst! Ich brauchte mich nicht darum zu kümmern, dass jede Etappe eine Klassik war; am alltäglichen Spiel um den Tagessieg, am täglichen Kampf um einen Eintrag ins ewige Buch musste ich nicht teilnehmen. Ich ging ins Rennen und wartete auf das Rennen, das richtige Rennen, das erst in den Alpen begann. Alle verloren sich schon im harten Kampf, ich aber war gezwungen, stundenlang, tagelang, ja wochenlang zu warten – und nachzudenken. An der Tour werden gleichzeitig viele völlig verschiedene Rennen gefahren.

Ich verlor nur eine Minute. Die Müdigkeit der vielfältigen Reibung und Abnützung hatte sich nach zehn Tagen schon tief ins Feld gefressen, nur schon deshalb forderten die Pyrenäen überall Respekt. Aber die metaphysische, feuchte Hitze, von der alle sprachen, liess mich unberührt. Ein wenig Kopfweh, das ist doch verständlich und ganz normal. Ich würde in den Bergen bestehen oder nicht. Ich hielt mich trotz ersten Sitzproblemen an den Rädern. Und als ich schliesslich zwischen Avignon und Marseille bei vierzig Grad zur Verdunstungsmaschine wurde, darauf reduziert, Wasser aufzunehmen und wieder abzugeben, liess ich mich nicht im heissen Seitenwind fangen. Mächtige Gewitterregen mit Hagel, zwanzig Zentimeter tiefe Sturzbäche waren zu bewältigen, Torturen, gegenüber denen die Erinnerung an den wohl temperierten Nebelregen der Bretagne eine Wohltat war. Aber ich liess mich nicht vom wehleidigen Gerede zur Verzweiflung verführen. Wer hier immer noch «gut» sein wollte, der schwieg. Am Mahnmal des Mont Ventoux vorbei näherten wir uns den grossen Alpenpässen. Geduldig wartete ich, und meine grössten Gegner trugen sogar dazu bei, dass vor der grossen Alpenetappe ein Tour-Sieg für mich in Reichweite rückte. Morgen würde an der Alpe d'Huez endlich die Tour gespielt.

Die Alpe d'Huez

Am Start dieser grössten Klassik weiss jeder um das Unbeschreibliche an der «Alpe». Die Grossen wollen hier gewinnen. Es wird trotz aller Versuche keinem gelingen, entscheidend von der Gruppe der Favoriten wegzukommen. So gleicht sogar die Anfahrt zur «Alpe» einer Zeremonie, es ist eine Vorbereitung auf das Herzstück der Tour. Ehrgeizige, die auf der äusserst anspruchsvollen Strecke über mehrere Alpenpässe den Regeln einen Streich spielen wollen, sorgen dafür, dass die Alpenetappen nie zur Spazierfahrt werden.

Endlich sticht das Grüppchen der dreissig Verbliebenen aus der Ebene in den steilen Einstieg, wo die Strasse sich mit nummerierten Kehren in die Höhe windet. Was ist eigentlich das Besondere an der Alpe d'Huez? Sind diese Nummern das Fordernde, der Grund, dass eine Tour ohne die «Alpe» nicht wirklich die Tour wäre? Es gibt keine andere Erklärung, denn es gibt steilere Berge, es gibt längere Anstiege, und vor allem gibt es schönere Alpenstationen. Sind Rangzahlen und Zeitdifferenzen der Grund des Sports? Langsam werden die Zuschauerspaliere dichter, übermütige Wasserwerfer müssen sorgsam abgewehrt werden, doch die Favoriten kontrollieren die Gruppe immer noch unerbittlich. Wahrscheinlich wissen hier schon fast alle um ihre Rangierung auf der Alpe d'Huez, nur die Zuschauer nicht.

«Nirgends in der Welt gab es einen Menschen, der schneller war, und sollte es ihn geben, so würde ich ihn bald sehr persönlich kennen lernen.»

Die Zahlen auf den Kilometertafeln wurden beruhigend schnell kleiner, ein Blick hinauf in den Berg, wo die grossen Massen warteten, beruhigte mich nach der bisher geglückten Fahrt über die Pässe weiter. Es sollte reichen, wenn ich ganz oben aus mir herausging. Als ich endlich in der Gewissheit, Spieler mit Einfluss zu sein, die Alpe d'Huez hochfuhr, überkam mich ein Gefühl grosser Erhabenheit. Nirgends in der Welt gab es einen Menschen, der schneller war, und sollte es ihn geben, so würde ich ihn bald sehr persönlich kennen lernen. Ich gewann eine Wahrnehmung, die vielleicht nur Auserwählte haben – wir Einsamen, die etwas besonders gut können, aber nichts darüber hinaus. Gerade im Aufstieg zur «Alpe» zeigt sich für den Fahrer mit aller Deutlichkeit, dass die Tour nicht nur ein für die Medien veranstaltetes Schauspiel ist, dessen wesentlicher Teil darin besteht, Zuschauer für die eigene Veranstaltung anzulocken, um ihr den Anschein von unumstösslicher Wirklichkeit zu geben. Nirgends ist der Olymp näher als hier.

Bei der Tafel «6 km» drängen die Zuschauer wie aus einer Kinoleinwand heraus auf die Strasse. Bei «5 km» fahre ich in eine bewegte Wand, jedes Zeitgefühl habe ich verloren. Wo gibt es da noch Halt? Längst ist meine kühle Überheblichkeit von vorhin verflogen. Die Landschaft ist zur fernen, unwichtigen Kulisse geworden, die Gegenwart des Rennens holt mich zurück.

Die Menschen ziehen jeden einzelnen Athleten gleichsam zu sich, fordern ihn auf, sich in ihre weichen Arme zu werfen, um ihn dann doch wuchtig an das nahe grosse Ziel zu stossen. Der Fahrer wird in seinem Leiden gewollt und getragen und empfindet hier mit ungeheurer Wucht, wie unmittelbar sein Streben ist. Und es ist, als würden die Zuschauer, die einem Darmkanal gleich den Weg vorgeben, in diesem grossen Fest eine geheimnisvolle Nahrung bekommen. Das ist Realtheater, alle sind mit auf der Bühne: die Fahrer, die Zuschauer, die Motorräder, die Fernsehkameras und der nahe Helikopter – die ganze Welt ist das Schauspiel, und keiner bleibt davon unberührt. Wehe, es bleibt einer unberührt.

Und dann die verblüffende Feststellung: Die Steigung der Strasse war verschwunden. Im brodelnden Chaos des Volksfestes, das ich so oft verachtete, wurde ich unweigerlich in Trance gehoben. Oder hatte mich die Krise erreicht? Nichts war mehr messbar, für einige Kilometer und eine unbestimmte Zeit zählten nur noch Menschen und ihr Wille. Vom weiteren Verlauf jener Fahrt weiss ich nichts mehr, vielleicht, weil ich damals nicht mehr ganz ich war. Erst in der Bergstadt schafften Balustraden Distanz, und bei der letzten, scharfen Kurve wurde klar, aus welchem Grund: ein Sturz, Dramen.

Ich gewann die Tour damals nicht; für mich blieb nur, eingeklemmt zwischen Spitze und Feld, ein Platz auf dem Podest übrig. Die Tour wird nicht an der «Alpe» gewonnen.

Die Gemeinschaft der Auserwählten

Auf die hohen Gipfel wird niemand getragen, aber jeder soll wieder herunterkommen. Wer endlich die Berge überquert hat, wird es schaffen. Er tritt ein in die grosse Schicksalsgemeinschaft, wo der Schwächste der Hilfe aller sicher ist, damit auch er ans grosse Ziel kommt. Nach den Alpenetappen sind nur noch wenige fähig, die Tour weiterhin als ein Rennen zu verstehen. Alle andern sind immerhin Teil der auserlesenen Gesellschaft, die in Paris eintreffen wird. Nicht der Sieger erschafft das Unwiderstehliche der Tour, sondern all jene, die ankommen. Jeder im Feld der hundert bis hundertfünfzig Übriggebliebenen hat gelitten und Übermenschliches geleistet, aber nicht darauf beruht der Zusammenhalt, sondern auf dem Weg, den alle gemeinsam gegangen sind. Sie alle sind Wanderer, Reisen ist ihr Beruf und ihre Bestimmung, das Feld ist ihr lebendiges Haus. Die Gefangenen des Tour-Trosses beginnen, vom Druck der Berge befreit, einander die Geschichten zu erzählen, die sie all ihren Freunden vorwerfen würden; es wird gesungen, «Oh

Champs-Élysées ...» – und oft zeigt ein Fahrer sogar wirkliches Talent zum Singen. Endlich berichtet man, aus welcher Gegend des Landes man kommt und was einem das Wichtigste im Leben ist – neben dem Rennfahren. Und plötzlich ist es wieder wichtig, die Tour fertig zu fahren, auch wenn man nicht der Leader ist. Der Mann im gelben Trikot wird verehrt, er ist der Patron, der alles gerettet hat.

Champs-Élysées

Ich gehörte nicht jedes Mal zum Kreis der Auserwählten, die die Tour fertig fahren. Aber ganz am Ende meiner Laufbahn schaffte ich es noch einmal: Ich fuhr ein letztes Mal auf die Champs-Élysées. Krank und unendlich müde verlor ich als Letzter des lang gezogenen Feldes in der minimen Steigung Zentimeter um Zentimeter, Meter um Meter. Ich hatte das letzte Rad schon aufgegeben und fiel immer schneller in die Wagengruppe der Tour-Leitung zurück, aber zwei Millionen Augen durchbohrten mich bereits, und ihr Mitleid war für mich die grösstmögliche Schande. Die Kehre beim Arc de Triomphe erlöste mich. Die Spaliere der Menschen wurden dank der Abschrankungen und der horrenden Geschwindigkeit, mit der wir uns bewegten, zu gesichtslosen Mauern. So blieb ich auf der von einer Million Menschen umrahmten Prachtstrasse allein wie nie. Da schaute ich weg. Der Applaus und die Schreie der Menschen wuchsen zu Lärm – zur Erinnerung an die Alpe d'Huez. Bei dieser letzten Tour kämpfte ich, um nicht allein über die von den Blicken leer gefegte Fläche des Place de la Concorde fahren zu müssen. Wer die Berge bezwungen hat, muss im Feld ans Ziel kommen, wenn er die grösste Niederlage vermeiden will. Ich kämpfte verbissen wie nie: Der einzige Ausweg aus dem Irrgarten dieser Kultur ist der eigene Körper.

Blick in die Gegenwart

Fahre ich heute mit dem Fahrrad hinaus, lasse ich mich in die Abfahrt zum See hinunterfallen, durcheile ich eine Kurve im vollen Vertrauen auf mein Können, so reisst mich das Körpergedächtnis in die Vergangenheit. Eine Grenze bricht ein, und ich zweifle, ob ich mich der ungeheuerlichen Dynamik des Rennsports wirklich entzogen habe. Mehr als zehn Jahre liegen seit meinem Ausstieg aus der Welt der Radrennen zurück – zehn Jahre, in denen ich zuweilen den Sport völlig verneint habe –, und doch holt mich die Vergangenheit wieder ein. So schnell lässt einen der Mythos Tour de France nicht los. Entsprechend gross ist die Aufmerksamkeit, mit welcher ich das gegenwärtige Geschehen im Radsport verfolge.

In der zweiten Hälfte des 19. Jahrhunderts behaupteten manche Ärzte, die Sportler seien Kranke, oder wenigstens würden sie sich während des Wettkampfs in einem Zustand der Krankheit befinden. Später wurde eingeräumt, diese Krankheit hätte nicht zu unterschätzende heilende Wirkung. Und widerspricht heute jemand dieser Ansicht, so würde er mit Recht in Verdacht geraten, er verstehe nichts von der menschlichen Gesundheit. Trotzdem: Seit seinen Anfängen steht der Spitzensport im Spannungsbereich zwischen Gesundheit und krankhafter Selbstmanipulation. Die Grenze dessen, was als gesund und normal gilt, wird stets im Bereich des Spitzensports bestimmt. So betrachtet, müsste die Diskussion um das Doping im Radsport vielleicht ganz neu geführt werden.

Der Sport und die Gesellschaft

Der Sportler, der früher in die Höhe gestiegen ist, im Engadin oder in den Rocky Mountains trainiert und dabei kleine Ferien erlebt hat, muss heute zur Kenntnis nehmen, dass der Wirkstoff Erythropoietin (Epo) das Gleiche tut wie Höhe – und das wohl erst noch viel billiger als die Tourismusindustrie. Der idealistische Sportler ist ent-

«Wer die Berge bezwungen hat, muss im Feld ans Ziel kommen, wenn er die grösste Niederlage vermeiden will.»

zaubert, er ist zum Gehilfen von zuweilen skrupellosen medizinischen Beratern verkommen. Mittlerweile sind ein paar Tage in dünner Luft gerade noch dazu da, einen Hämatokritwert «knapp unter 50», wie ihn das Reglement verlangt, rhetorisch zu rechtfertigen. Überall wird fleissig in kleinstnotwendigen Dosen Epo konsumiert, aber dem sagt man schon längst Wiederherstellung und nicht mehr Betrug. Wenn die Zentrifugen in den Rennfahrerkoffern einst dazu dienten, das heikle Tun nicht völlig zum russischen Roulette verkommen zu lassen, so helfen sie heute, die magische Grenze von «50» tatsächlich einzuhalten.

Eine weitere Klärung der Lage tut Not. Aber sie hat noch nicht stattgefunden. «Wieso gerade wir und nicht die andern?», fragen fast alle Radsportliebhaber. Wieso wollen einige spitzfindige Juristen und Journalisten unseren Sport zerstoren? Es wird ja überall gedopt, in Chefetagen und bei der Akkordarbeit. Und es ist doch schon immer geforscht und in irgendwelchen Mittelchen ein Vorteil gesucht worden.

Auf dieser Ebene führt die Diskussion nicht weiter. Vielmehr zeigt sich an der gegenwärtigen Situation des Radrennsports, dass sich der Sport und seine Institutionen ganz allgemein mit einer Gesellschaft auseinander zu setzen haben, in welcher der menschliche Körper als Leistungsträger verstanden wird, der um eine Position zwischen künstlicher Effizienzsteigerung und natürlicher Gesundheit ringt. Die Frage darf demnach nicht lauten: «50 oder darüber?», sondern sie müsste heissen: «Schaffen die Grenzwerte des Dopingreglements wirklich Normalität?»

Wie gerne wäre ich fähig, das Problem aufzuschlüsseln, das dem Wort Doping jenseits des einfachen «gut und böse» innewohnt. Dem Forscher, der sich der Problematik von Mensch, Medizin und Recht über den Sport annähert, könnten sich tiefe Einsichten in die Gesellschaft der Gegenwart öffnen. Und die Erfahrungen der Millionen Sportler könnten ihm den Weg weisen, wenn sie nur Stellung nehmen würden und vielleicht sogar schuldfähig wären.

Legenden

Einige Jahre nach dem Ende meiner sportlichen Laufbahn sagte mir Felice Gimondi, der Tour-Sieger von 1967 und Weltmeister von 1973, im vertraulichen Gespräch: «Es gibt keine richtigen Rennfahrer mehr.»

Der Kerl provoziert mich, dachte ich sofort, der in die Jahre gekommene Held glorifiziert sich und seine Zeit und will die zweifellos viel grösseren Leistungen der modernen Radsportler, zu denen ich mich auch noch knapp zähle, nicht angemessen würdigen. Hat Gimondi ein Problem? Schon einen Tag später war ich überzeugt, Felice habe mir die Hand gereicht und mich am Portal des erhabenen Palastes begrüsst, in dem die alten Legenden zu Hause sind.

Inzwischen ist mir bewusst geworden, dass damals ein feiner Beobachter gesprochen hat, dem nicht verborgen geblieben war, dass sich der Radrennsport fast unbemerkt verändert hat. Einst war das Rennen eine Auseinandersetzung zwischen Mensch und Natur – und vielleicht Nationen –; der Radrennfahrer drang mit ungebrochenem Mut in kaum bewohnte Bergtäler, er war ein Held und Forscher in eigener Sache. Aber inzwischen sind die Berge bis in den letzten Winkel erobert, und die Emotion, der grosse Wille, der einst trug, mitsamt diesem seltsamen Hauch von Adel, all das ist in grösster Gefahr – und mit ihnen der Mensch selbst. Die unaufhaltbar vordringende Wissenschaft verändert das Denken und alsbald das Wesen einer einstigen Subkultur. Das könnte Felice Gimondi gemeint haben.

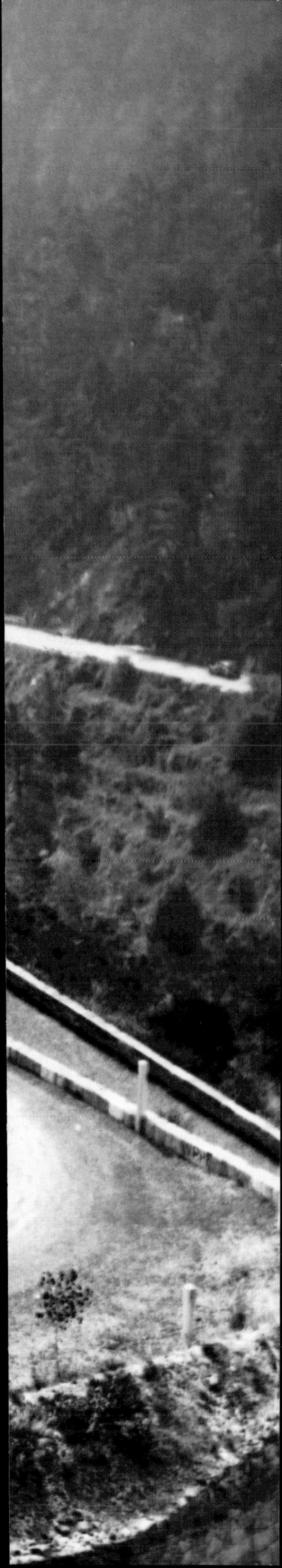

DIE GESCHICHTE DER TOUR DE

BÄREN, GIFTMISCHER UND GLADIATOREN

Sepp Renggli

Die Tour de France hat viele Namen. Die Franzosen nennen sie «Grande Boucle», die Deutschen «grosse Schleife» und die am Galibier nach Luft schnappenden Nachzügler «Menschenschinderei». Tieren würde man eine solche Tortur nicht zumuten, keuchen sie stockenden Atems. Der ehemalige Festina-Mannschaftsarzt Erik Ryckaert sagte 1998, noch vor dem Dopingskandal: «Nach einer Bergetappe ist ein Fahrer am Ziel dermassen erschöpft, dass er im medizinischen Sinn krank ist. Sein ganzer Stoffwechsel ist aus den Fugen, es fehlt ihm an allen möglichen Stoffen, die der Körper innert nützlicher Frist nicht ersetzen kann. In dieser Situation hat jeder Rennfahrer Anrecht auf medizinische Hilfe.»

Die Tour de France, Europas spektakulärste Openair-Veranstaltung, ist die Mutter aller Landesrundfahrten. Erst sechs Jahre nach ihrer ersten Durchführung folgte der Giro d'Italia, 1933 die Tour de Suisse, 1935 die Vuelta a España. Was immer in den Reglementen der Etappenrennen steht, wurde erstmals auf Frankreichs Strassen praktisch erprobt.

Vorangehende Doppelseite: Abfahrt vom Col de Braus, 13. Etappe Cannes–Digne, Tour de France 1938.

Sportgeschichte: 1. Juli 1903, 03.00 Uhr. 60 Männer starteten in Villeneuve St. Georges bei Paris zur ersten Etappe der ersten Tour de France.

Nur sieben Fahrern gelang im gleichen Jahr das Double Giro d'Italia – Tour de France, und nur zwei, Eddy Merckx 1974 und Stephen Roche 1987, erzielten im Kalenderjahr den Hattrick Giro, Tour de France, Strassen-Weltmeisterschaft. Jacques Anquetil, Eddy Merckx, Bernard Hinault und Miguel Indurain gewannen die härteste Radsportprüfung fünfmal, Indurain als Einziger fünfmal hintereinander. Doch ganz zuoberst in der «ewigen Rangliste» thront Eddy Merckx mit 34 Etappensiegen. In der Gunst des Fussvolks aber wurde er von Raymond Poulidor klar distanziert. «Poupou» stand in Paris achtmal auf dem Podest, dreimal rechts, fünfmal links, nie in der Mitte! Wenn Poulidor seine mitunter etwas unüberlegten Angriffe auf das gelbe Trikot lancierte, fieberte ganz Frankreich. Es wäre die günstigste Zeit gewesen, die Regierung zu stürzen, kaum jemand hätte davon Notiz genommen ...

Erster Träger des 1919 kreierten Maillot jaune, des «Sonntagshemds» der Tour de France, war Eugène Christophe, ein Radgigant der alten Schule. Selbstverständlich wollten die Italiener nicht zurückstehen. Sie schufen ebenfalls ein Trikot für den Leader ihrer Rundfahrt und entschieden sich für Rosarot. Diese Wahl passte Italiens Diktator Benito Mussolini nicht. Rosa sei eine weiche Farbe, eher geeignet für aufreizende Damenunterwäsche als für harte Radrennfahrer. Des Duces Lieblingsfarbe war Schwarz. Doch Rosa überlebte Schwarz und Mussolini. So wie die Tour de France den letzten deutschen Kaiser überlebte. Er hatte 1910, 87 Jahre bevor der erste Deutsche die Tour de France gewann, dem Rennen der Rennen aus politischen Gründen die Einreise in sein Reich verboten – obwohl das Rad einst in Deutschland fahren gelernt hatte. 1818 patentierte die Badische Regierung die Draisine des Carl Friedrich Ludwig Christian Freiherr Drais von Sauerbronn, «des Manns, der die Räder schneller bewegen lernte». 1997 siegte in Paris Jan Ullrich, der Mann, der die Räder schneller bewegte als alle andern. Die Deutschen mussten lange warten. Bis 1985 kamen die Tour-de-France-Gewinner aus den sieben Ländern Frankreich, Belgien, Italien Holland, Spanien, Luxemburg und Schweiz. 1986 brach der US-Amerikaner Greg Lemond in die europäische Phalanx ein. 1987 siegte der Ire Stephen Roche. 1996 wurde der exklusive Kreis mit Bjarne Riis um Dänemark, 1997 mit Jan Ullrich um Deutschland erweitert. Aber noch immer warten 181 selbständige Länder auf ihren ersten Tour-de-France-Triumphator.

Die Tour de France ist für Frankreich was Wimbledon für England. Jacques Anquetil, Louison Bobet, Raymond Poulidor und Bernard Hinault verdanken ihr den Orden «Chevalier de la Légion d'Honneur». Eigentlich müsste die Tour de France ebenfalls eine Auszeichnung bekommen, überreicht vom Erziehungsministerium: für den praktischen Geografie-Lehrgang jeden Sommer im Juli und August. Viele Europäer kennen dank der Tour de France die französische Geografie besser als die ihres eigenen Landes. Die Tour de France hat Berge wie Tourmalet, Galibier, Izoard und Mont Ventoux für Hunderttausende auf die Landkarte gesetzt.

Am Anfang war ein Pressekrieg

In Paris tobte 1903 ein Pressekrieg. Henri Desgrange, geboren am 31. Januar 1865, hatte am 11. Mai 1893 auf der Rennbahn Paris-Buffalo mit 35,325 Kilometern den ersten offiziellen Stunden-Weltrekord realisiert und leitete seit 1900 die Sportzeitung «L'Auto-Vélo». Sein grosser Konkurrent hiess Pierre Griffard. Ihm gehörten das «Petit Journal» und «Le Vélo». Die beiden Rivalen stritten um jeden Leser. Vorteil Griffard! Er organisierte das 500-Kilometer-Radrennen Bordeaux–Paris, wodurch sich die Auflage seiner Blätter schlagartig verdoppelte. Zudem musste Desgrange auf richterliche Verfügung den Namen «L'Auto-Vélo» abändern, um Verwechslungen zu vermeiden. Darüber ärgerten sich Henri Desgrange und sein 26-jähriger Mitarbeiter Geo Lefèvre.

Henri Desgrange (1865–1940), der «Vater» der Tour de France (1903–1936).

Derweil Desgrange bissige Leitartikel schrieb, schwor Lefèvre dem ungeliebten Gegner Rache und unterbreitete Desgrange einen kühnen Plan. Das Gespräch in Desgranges Büro an der Rue Faubourg 10 ist nirgends protokolliert, doch dürfte Lefèvre ungefähr Folgendes gesagt haben: «Chef, wir dürfen uns von Griffard nicht unterkriegen lassen, sondern müssen ihn mit einem noch grös-

Zieleinfahrt 1905: Louis Trousselier, genannt «Trou-trou», gewann diese Tour und bis zum Ausbruch des Ersten Weltkriegs 13 Etappen (oben). Hippolyte «le terrible» Aucouturier posierte 1903 und 1905 fünfmal als Etappensieger (unten).

seren Projekt, das ganz Frankreich umfasst, übertrumpfen. Statt ein Eintagerennen von Bordeaux nach Paris veranstalten wir ein mehrere Wochen dauerndes Rennen durch Frankreich. Damit füllen wir tagelang unsere Zeitung und nicht bloss einen Tag.»

Nach anfänglicher Skepsis liess sich Desgrange von der Begeisterungsfähigkeit seines Adlatus anstecken. Er besprach den Vorschlag mit dem für die Finanzen der Zeitung zuständigen Victor Goddet, dem Vater des späteren Desgrange-Nachfolgers Jacques Goddet. Vielleicht dachte er schon an die Zukunft seines Sohns, als der Senior die keineswegs prall gefüllte «L'Auto»-Kasse zögernd für die Tour de France öffnete.

Am 20. Mai 1903 pries Desgrange die Tour de France in «L'Auto» als für alle Beteiligten Gewinn verheissendes Ereignis an. Auf 2400 Kilometern Distanz mit Zwischenhalten und Übernachtungen in Lyon, Marseille, Toulouse, Bordeaux und Nantes waren von Paris bis Paris 20 000 Francs zu verdienen. Auf den Sieger warteten 3000 Francs. Die ersten Fünfzig im Gesamtklassement erhielten täglich fünf Francs. Dauer des Rennens, inklusive Ruhetage: vom 1. bis am 19. Juli.

Diese Ankündigung löste kein grosses Echo und bei Pierre Griffard spöttische Kommentare aus. Bis zum 30. Mai meldeten sich nur 27 Unerschrockene. Das reichte nicht, weder sportlich noch finanziell. Bei einem Startgeld von 10 Francs wären nur 270 Francs eingenommen worden. Zudem wollte Desgrange die Blamage vermeiden, nach voraussehbaren Aufgaben unqualifizierter Teilnehmer mit einem halben Dutzend Männlein in Paris einzutreffen. Deshalb doppelte der Chefredaktor nach und schrieb am 5. Juni, 26 Tage vor dem geplanten Start, das sportliche Abenteuer nochmals aus: «Die Konkurrenten können versichert sein, dass sie unterwegs nicht mehr Geld brauchen werden, als wenn sie zu Hause blieben. Die Hoteliers werden ihnen Sonderpreise gewähren, denn sie haben begriffen, dass es für sie sowohl Ehre wie auch Propaganda bedeutet, unsere Fahrer zu beherbergen. Mit 10 Francs Startgeld könnt ihr 20 000 Francs verdienen.» Ein billiges Hotelzimmer kostete damals einen Franc.

Dieser zweite Appell fand Gehör. 85 Interessenten gaben ihre Meldung ab. Weniger sind mehr, sagte sich Desgrange und dachte wohl an organisatorische Schwierigkeiten mit einem 85er-Feld. Er strich deshalb alle Nachzügler und entschied sich für 60 Fahrer.

Mit den Aktiven klappte es jetzt, nun mussten noch die Passiven mobilisiert werden. Im «L'Auto» vom 1. Juli 1903 holte Leitartikler Desgrange zu einem flammenden Aufruf ans Publikum aus: «Mit dem mächtigen Elan, den Émile Zola in seinem Roman ‹La Terre› seinem Bauern gibt, lanciert ‹L'Auto› als Zeitung mit avantgardistischem Mut heute das grösste Radrennen der Welt mit den prächtigsten, unerschrockensten Athleten. Während 2400 Kilometern werden sie auf staunende Faulpelze am Wegesrand treffen, die sich ihrer Bequemlichkeit schämen und aufgeweckt werden von der Kraft und der unbezähmbaren Energie dieser aussergewöhnlichen Männer.»

Dem Start zur ersten Etappe der ersten Tour de France wohnten indes nur ein paar hundert «Faulpelze» bei, Verwandte und Freunde der «unerschrockenen Athleten», aus dem Schlaf gerissene Anwohner und Nachtschwärmer. Denn das grosse Rennen begann am 1. Juli in Villeneuve St. Georges bei Paris, vor der Herberge, die sinnigerweise «Réveille-Matin» hiess, getarnt von der Nacht um 03.00 Uhr!

Heute muss sich die Tour de France nicht mehr verstecken. Die Route war lang und oft steinig seit jenem zehnten Sommertag im dritten Jahr des zwanzigsten Jahrhunderts. Sie führte von der Herberge «Réveille-Matin» fast bis auf den Mond. 1903 folgten den mühsam strampelnden Männern ein paar stinkende und stotternde Motorwagen. Der

DIE GESCHICHTE DER TOUR DE FRANCE

Kontrolle anno dazumal: Paul Duboc erhielt von einem Rennkommissar einen Stempel auf die Hand gedrückt (links). Der starke Bergfahrer aus Rouen wurde 1911 von einem vergifteten Getränk um den Gesamtsieg gebracht. Maurice Garin, der erste Sieger, mit seinem jüngsten Fan (rechts). Der Kaminfeger triumphierte 1903 mit 169 Minuten Vorsprung auf Lucien Pothier.

für sämtliche Bereiche zuständige Geo Lefèvre traute ihnen aber nicht. Um garantiert rechtzeitig am Ziel zu sein, reiste er mit der Eisenbahn von Etappenort zu Etappenort. Stets traf er, wie Augenzeugen versicherten, vor den ersten Fahrern ein. Deren Tagespensen betrugen 18 und mehr Stunden. Lefèvre war nicht nur Berichterstatter, sondern auch Rennleiter, Zielrichter und Quartiermeister, derweil Tour-Chef Henri Desgrange das Geschehen aus der Ferne verfolgte und seine Leitartikel aufgrund von telefonierenden Streckenposten aus der Rue Faubourg in Paris schrieb.

Vom Kaminfeger zum Millionär

Im Laufe der Jahrzehnte expandierte der Tross. Er besteht inzwischen aus knapp 200 Profis, 3500 Begleitern, 1200 Autos, drei Dutzend schweren Lastwagen und einer Armada von Motorrädern. 60 TV-Stationen verbreiten Bilder in 165 Länder. 15 Millionen Menschen warten am Strassenrand auf die mobilen Litfasssäulen, fünf Millionen konsumieren die Tour de France in Frankreich täglich am Fernsehen. Hollywood könnte die Show nicht besser inszenieren. Das Bühnenbild in der Provence scheint von Cézanne zu stammen. In der Bretagne bläst der Wind die Fahrer fast aus dem Sattel. Die Alpen werden von Neuschnee geweisselt. Im Midi erinnert die Sonnenglut an das Vorzimmer zur Hölle. Der letzte Akt spielt in Frankreichs glorreicher Vergangenheit, vor der nobelsten Kulisse des Landes, auf den Champs-Élysées, von der Place de la Concorde bis zur Place de l'Étoile, mit dem Arc de Triomphe als Ehrentribüne und dem Eiffelturm als Zaungast.

Der Sieger von heute ist Millionär, der Sieger 1903 war Kaminfeger. «Le petit ramoneur» Maurice Garin gewann mit 169 Minuten Vorsprung auf Lucien Pothier, doch die grossen Tageszeitungen ignorierten das Ereignis. Henri Desgrange war enttäuscht, zumal die Auflage von «L'Auto», sehr zur Freude von Konkurrent Griffard, bescheiden blieb.

Trotzdem wagte sich Desgrange an die zweite Auflage. Garin triumphierte erneut, doch die Statistik führt Henri Cornet auf Platz 1. Der Zwanzigjährige ging als jüngster Sieger aller Zeiten in die Tour-de-France-Annalen ein. Cornet profitierte von der Disqualifikation der ersten Vier. Maurice Garin, Lucien Pothier, César Garin und Hippolyte Aucouturier schienen offenbar längere Streckenabschnitte im Zug zurückgelegt zu haben. Andere Fahrer liessen sich nachts an Seilen von Autos schleppen.

In der Nähe von St. Étienne musste die Polizei von der Schusswaffe Gebrauch machen, um den mit Knüppeln traktierten Maurice Garin (er hatte dem Lokalfavoriten Francis Faure den Etappensieg weggeschnappt) vor dem Tod zu retten.

Solche Vorkommnisse lieferten Stoff für allerlei Geschichten. Doch schlechte Nachrichten sind besser als keine Nachrichten. Sie steigerten den Bekanntheitsgrad des jungen Unternehmens und verhalfen «L'Auto» zu neuen Lesern.

Deshalb war Desgrange keineswegs unglücklich, als Tour-Feinde 1905 Nägel auf die Strassen streuten und ein Reifenmassaker verursachten. Die Presse berichtete genüsslich darüber und machte die Tour de France zum Tagesgespräch. Es ist eine infame Verleumdung, dass Desgrange persönlich die Nagelwerfer organisierte.

Aber eine andere Provokation konnte er nicht lassen. Patriot Desgrange hatte es nie ganz verwunden, dass Frankreich nach dem verlorenen Deutsch-Französischen Krieg 1871 Elsass-Lothringen an Deutschland abtreten musste. Vielleicht baute er deshalb die ehemals ostfranzösische Region links des Rheins von 1906 bis 1909 in seinen Tour-Parcours ein. Etappenort war die alte lothringische Garnisonstadt Metz. Auf dem Ballon d'Alsace, dem höchsten Vogesen-Berg, erinnert eine Gedenktafel an den ersten «Bergkönig» und Tour-Sieger 1906, René Pottier. Er wurde zum tragischen Helden jener Ära. «Pour des raisons sentimentales», rapportierte der Chronist, erhängte sich Pottier 1907 in der Fahrradfabrik, deren Farben er sechs Monate früher zum Erfolg geführt hatte.

Das Veto des Kaisers

Weil in Metz zum ersten Mal seit 1871 französischsprachige Plakate hingen, die lothringische Bevölkerung den

Sportlerbesuch aus Frankreich enthusiastisch begrüsste, einige Zuschauer die Marseillaise sangen und der Musikverein Metz den Marsch «Le Régiment de Sambre et Meuse» intonierte, verbot Deutschlands letzter Kaiser der Tour de France 1910 den Grenzübertritt. Wilhelm II. starb 1941, die Tour lebt noch immer, und Elsass-Lothringen gehört wieder den Franzosen.

Desgrange grämte sich nicht lange. Er ersetzte Deutschland und den 1247 Meter hohen Elsässer Belchen (Ballon d'Alsace) kurzerhand durch die steilen Pyrenäenpässe. Die Bezwingung dieser wilden Gebirgslandschaft mit dem Fahrrad war damals fast so waghalsig wie 1888 Nansens Expedition in Südgrönland. Um die Strapazen zu mindern und den Fahrern sowohl die Angst vor den holprigen Pyrenäenwegen am Peyresourde, Aspin, Tourmalet und Aubisque wie vor den in den Wäldern lauernden Bären zu nehmen, gewährte Desgrange der Karawane nach jeder Etappe einen Ruhetag. Trotzdem war die Ausfallquote hoch. Viele schoben ihre Räder bergauf, nur die Zähesten bezwangen die Ziegenpfade im Sattel. Allen voran als leuchtendes Beispiel der 21-jährige

Erster «König der Pyrenäen» war der stets sorgfältig gekämmte (und deshalb «Le frisé» genannte) Octave Lapize. Der 21-jährige Arbeitersohn aus Rouen gewann beide Pyrenäen-Etappen und die Tour 1910.

Pariser Octave Lapize, den sie wegen seiner stets gepflegten Frisur «Le frisé» nannten. Er gewann beide Pyrenäenetappen und belegte vor 41 ebenfalls bis Paris gekommenen, vom Volk als Helden verehrten Athleten Rang 1. 69 Männer waren irgendwo unterwegs verloren gegangen. Von den Bären wurde keiner verspeist. Als Waffe gegen allfällige Angreifer diente die Pumpe.

Galibier 1934, absteigen und Hinterrad umkehren. In dieser Hinsicht war die Tour de France nicht wegweisend: Sie gestattete erst 1937 die Übersetzungswechsel. Bis dann behalf man sich mit verschiedenen Radkränzen auf beiden Seiten der Räder.

Seit der Traversierung der Pyrenäen galt der bisherige Tour-Kulminationspunkt, der Elsässer Belchen, als harmloser «Sprinterberg». Mit dieser Steigerung war jedoch der «Sadismus des Monsieur Desgrange», wie Zeitgenossen polemisierten, nicht befriedigt. Desgrange wollte mehr; er wollte höher hinaus, er wollte über die Alpen. Auf dem Programm 1911 stand der Galibier, 2645 Meter über Meer. Erster Bezwinger war der 30-jährige Franzose Emile Georget. Er hatte 1906 zusammen mit seinem Bruder Léon in Toulouse das erste europäische Sechstagerennen gewonnen und sorgte fünf Jahre später – welch ein Gegensatz – zwischen meterhohen Schneemauern, auf einem notdürftig vom Schnee frei geschaufelten Strässchen, für einen weiteren Markstein in der Radsportgeschichte. Aber diese aussergewöhnliche Leistung des nachmaligen Tour-de-France-Dritten stiess in der Öffentlichkeit auf weniger Interesse als die Ereignisse in den Pyrenäen mit Hauptdarsteller Paul Duboc. Der aus Rouen stammende Gesamterste liess am Tourmalet alle Konkurrenten stehen. Einziger ernsthafter Gegner war der Durst. Der vermeintliche Retter vor dem Verdursten stand am Strassenrand und reichte Duboc einen kühlen Trank. Der Tourmalet war überwunden, jetzt folgte der Aubisque. Der beste Rennfahrer jener Tage stürmte dem neuen Hindernis entgegen. Doch in der ersten Rampe stürzte er, wie vom Blitz getroffen, in den Strassengraben. Dort lag er mehr als eine Stunde. Vergiftet! Der Inhalt der zerbrochenen Flasche stank fürchterlich. Von Bauchkrämpfen geplagt, setzte Duboc das Rennen fort und erreichte Bayonne weit abgeschlagen als Letzter. In Rouen war man empört und davon

1912: Wägung der «Giganten» am Ziel, nach 5229 km Fahrt (durchschnittliche Etappendistanz 348,6 km). 131 starteten, 41 erreichten Paris.

überzeugt, dass der Lokalheld von der Konkurrenz absichtlich vergiftet worden sei. Dubocs Anhänger schworen dem neuen Leader Gustave Garrigou, dem schuldlosen Nutzniesser dieser Schandtat, bittere Rache. Bei der Tour-de-France-Durchfahrt in Rouen sollte zur Tat geschritten werden. Doch Rennleiter Desgrange bekam Wind vom geplanten Racheakt und verhinderte die Lynchjustiz. Er liess das Rennrad des unschuldigen Garrigou mit einer anderen Farbe überpinseln, wechselte dessen Trikot und maskierte ihn mit einer dunklen Brille. Als die Fanatiker in Rouen, bewaffnet mit allerlei Wurfgegenständen, nach Garrigou äugten, hatte er die Stadt längst verlassen und fuhr seinem Tour-de-France-Sieg vor Giftopfer Duboc entgegen.

Der Belgier Philippe Thijs (auch Thys; oben) siegte 1913, 1914 und 1920. Dieser Rekord hielt 35 Jahre; Louison Bobet egalisierte ihn 1955. Eugène Christophe (unten), fotografiert 1965, vierzig Jahre nach seiner letzten Tour und fünf Jahre vor seinem Tod, durfte 1919 als Erster das Maillot jaune tragen.

«Cricri» und der «Blasbalgbub»

Die Tour de France gebar «Giganten der Landstrasse». Wie Duboc. Und wie 1913 Eugène Christophe. Für Frankreich hiess er «Cricri». Er traversierte den Tourmalet-Gipfel 18 Minuten vor dem belgischen Favoriten Philippe Thijs und schien dem Tour-Sieg nahe. Aber die Gabel verweigerte ihren Dienst! Sie brach in der Tourmalet-Abfahrt. Kurz entschlossen schulterte «Cricri» sein Rad und eilte ins 14 Kilometer entfernte Pyrenäendorf Sainte-Marie-de Campan. In der dortigen Schmiede flickte Christophe seine Gabel mit Hammer und Amboss, derweil ein Bub den Blasbalg trat. Nach getaner Arbeit setzte «Cricri» das Rennen mit vier Stunden Verspätung fort. Journalist Henri Desgrange bemühte in seiner Zeitung sämtliche Superlative und die grössten Buchstaben, um «Cricris» Heldentat zu preisen; doch Rennleiter Henri Desgrange belegte Christophe wegen Verstosses gegen Paragraph 2, Artikel 45 des Reglements, das fremde Hilfe bei Reparaturen (Blasbalgbub) untersagte, mit einer Strafminute. Philippe Thijs gewann die Tour, aber der Gesamtsiebte Eugène Christophe ging in die französische Sportgeschichte ein. In Sainte-Marie-de Campan erinnert eine Gedenktafel an den kleinen Mann mit dem grossen Schnurrbart.

Fahrer wie Duboc und Christophe verhalfen der Tour de France zu stets wachsender Popularität, doch auch die Gegner regten sich. Gewisse lokale Behörden witterten Geschäfte. Wo die Höchstgeschwindigkeit für Fahrzeuge 5 Stundenkilometer betrug, versteckten sich manchmal Polizisten hinter Häusern und Hecken, um die mit zehn oder gar mehr Kilometern durch die Dörfer «rasenden» Chauffeure von Begleitwagen zu verzeigen.

Dass Philippe Thijs trotz Christophes Gabelbruch 1913 kein unwürdiger Sieger war, bewies er 1914 und 1920 mit zwei weiteren Triumphen, womit er als erster Athlet den Hattrick realisierte. Zu seinen gefährlichsten Rivalen zählten die drei Gebrüder Pélissier, die zwischen 1912 und 1935 dank überragenden Leistungen, Rekorden, Kapriolen und Protestaktionen in Frankreich Heroen-Status erlangten. Die eigensinnigen Bauernsöhne aus dem damals ländlichen Pariser Vorort Passy sorgten jahrelang für Schlagzeilen. Henri, geboren am 12. Januar 1889, von seiner Lebensgefährtin am 1. Mai 1935 nach einem Streit erschossen, war zeitlebens ein Rebell. Er bestritt die Tour achtmal, wurde 1914 Zweiter, gewann sie 1923 vor Ottavio Bottecchia und stieg sechsmal aus. Francis stellte sich bedingungslos in den Dienst des von ihm vergötterten fünf Jahre älteren Henri und feierte später Erfolge als Directeur sportif von Jacques Anquetil, Ferdy Kübler und Hugo Koblet. Charles, das Nesthäkchen, zementierte einen Rekord für die Ewigkeit. Der «Sprinterkönig» gewann 1930 acht Etappen und belegte siebenmal Rang 2.

Wenn den Pélissiers irgendetwas nicht in den Kram passte, kehrten sie auf den väterlichen Bauernhof zurück und melkten ihre Kühe. Zum Beispiel 1924. Es war kühl am frühen Morgen. Henri Pélissier zog zwei Trikots über. Als die Sonne die Kälte vertrieb, entledigte sich Henri eines Trikots und warf es fort. «Das ist verboten», sagte ein ihn beobachtender Funktionär und brummte dem «Übeltäter» zwei Strafminuten auf. Henri und Francis beklagten sich über die Sklaverei und inspirierten einen bekannten Journalisten zum viel beachteten Essay «Forçats de la route» (Zuchthäusler der Landstrasse). Die zwei «Zuchthäusler» verliessen zusammen mit einem Gefährten zornentbrannt die Karawane und erregten damit landesweites Aufsehen. Wer Pélissier hiess, machte die Faust nicht bloss im Hosensack.

Neutralisation in der Hafenstadt Sète am Mittelmeer, 1931.

Nach dem polternden Rückzug des Vorjahressiegers und seines Paladins war der Weg frei zum ersten Tour-Sieg eines Italieners. Ottavio Bottecchia hatte im Ersten Weltkrieg als Scharfschütze bei den Militärradfahrern der italienischen Armee gedient und erst 1922 als 27-Jähriger die Profilizenz gelöst. Aber er holte schnell nach, was er verpasst hatte, höchstes Hoch und tiefstes Tief: Tour-de-France-Zweiter 1923, Sieger 1924 und 1925, Aufgabe 1926, unwiderruflicher Abschied 1927. Als man den 32-Jährigen in diesem Jahr im Friaul mit einer schweren Kopfverletzung im Strassengraben auffand, an welcher er wenige Tage darauf starb, wurde berichtet, der Antifaschist sei von einem Attentäter ermordet worden. 21 Jahre später gestand aber ein Bauer auf dem Sterbebett, er habe Bottecchia im Zorn erschlagen, weil dieser auf einer Trainingsfahrt in seinem Weinberg ein paar Trauben stibitzen wollte.

Die gelbe Auswahlsendung aus Paris

Nach dem Ersten Weltkrieg führte die Tour de France über vernachlässigte, löchrige Strassen. 1919 erreichten nur elf von 69 Gestarteten das Ziel in Paris. Dafür war Farbe ins Rennen gekommen. Der unterdessen 34 Jahre alt gewordene Eugène Christophe, den Frankreich inzwischen von «Cricri» in «Vieux Gaulois» umgetauft hatte, trug als erster Mann das Maillot jaune. Henri Desgrange kreierte es mitten in der Tour. Er wollte den Leader für die Zuschauer visuell kenntlich machen. Deshalb bestellte er in Paris telefonisch eine Trikot-Auswahlsendung in möglichst auffälligen Farben. Sie traf am 19. Juli 1919 am Etappenort Grenoble ein. Die Kollektion enttäuschte Desgrange. Er sah nur Gelb, überall Gelb. Nachkriegs-Frankreich hatte offenbar zu wenig Farbe. Desgrange entschied sich faute de mieux für das leuchtendste Gelb. Seither hält sich hartnäckig die Legende, der Chefredaktor von «L'Auto» habe Gelb gewählt, weil seine Zeitung auf gelbem Papier gedruckt wurde. Nicht angezweifelt wird dagegen die Leidensgeschichte Nr. 2 des Eugène Christophe. Er startete im Maillot jaune zur zweitletzten Etappe und verlor Platz 1 wieder an einen Belgier – und wieder wegen Gabelbruchs.

Die Geschichte und Geschichten der Tour de France füllen Bibliotheken. Mit keinem anderen Sportanlass Europas befassten sich so prominente Schriftsteller, Essayisten, Chronisten und Satiriker. Ernest Hemingway beschrieb die Tortour, Kurt Tucholsky griff zur Feder, Tristan Bernard ging unter die Radsport-Berichterstatter. Nie mussten sie um Themen bangen. Fanatiker rissen ungeliebte Konkurrenten vom Rad. Fahrer meuterten. Betreuer verabreichten Kokain und andere Aufputschpräparate. Zuschauer streuten Nägel. Bauern blockierten Strassen. Saboteure sägten Lenker und Rahmen «feindlicher» Favoriten an. Gekaufte Hotelköche fügten den Speisen Abführmittel bei. Verschwörer tröpfelten Gift in die Bidons der Gegner. Apotheker und Ärzte suchten die schwindenden Kräfte mit alchimistischen Mitteln zu ersetzen. Helden der Landstrasse endeten in der Gosse. Giganten schrumpften zu Zwergen, der Tod fuhr mit. Freud und Leid sind in der Tour de France Nachbarn. Oft trocknet das Lachen die Tränen. 1928 behändigte der Luxemburger Nicolas Frantz nach einem irreparablen Defekt ein herumstehendes Damenrad, büsste bis ins Ziel 28 Minuten ein und gewann trotzdem zum zweiten aufeinander folgenden Mal die Tour de France.

Dem Pélissier-Sieg 1923 folgten bis 1929 sechs Ausländer-Erfolge, was der Auflage von «L'Auto» keine Höhenflüge verschaffte. Um die Negativserie zu beschliessen, änderte Desgrange das Reglement. Statt für Fahrradfabriken schrieb er die Tour 1930 für Nationalteams aus. Starten durften je acht Franzosen, Italiener, Spanier, Belgier und Deutsche sowie neun französische Regionalequipen. Der Plan gelang: Frankreich stellte fünfmal nonstop den Sieger, woran 1932 auch Kurt Stöpel nichts ändern konnte. Er trug als erster Deutscher (zwar nur während eines Tages) das

Ottavio Bottecchia gewann 1924 die Tour als erster Italiener und doppelte 1925 nach. Zwei Jahre später starb er an den Folgen von Verletzungen, die ihm ein zorniger Bauer zugefügt haben soll.

1924 im «Café de la Gare» in Coutances. Henri und Francis Pélissier rebellierten wieder einmal. Weil sie offenbar von Funktionären schikaniert worden waren, hatten sie zusammen mit ihrem treuen Gefährten Maurice Ville die Karawane verlassen (oben). Ohne die neu ins Reglement aufgenommenen Bonifikationen hätte der Berliner Kurt Stöpel (unten; rechts im Bild) die Tour 1932 vielleicht an erster statt an zweiter Stelle beendet. André Leducq (links im Bild) heimste für sechs Etappensiege je vier Minuten Zeitgutschriften ein. Sein Vorsprung auf Stöpel in Paris: 24 Minuten 3 Sekunden.

gelbe Trikot und belegte am Schluss Platz 2. Es dauerte 64 Jahre, ehe wieder ein Deutscher, Jan Ullrich, in Paris das Podest bestieg.
Weil wegen des chauvinistisch bedingten Verzichts auf Fabrikmannschaften die Einnahmen schwanden, suchte Desgrange neue Geldquellen. Er wandte sich an die Geschäftswelt und erfand die Reklamekolonne. Sie stiess bei Werbern und Zuschauern sofort auf grosses Interesse und half fortan das Rennen finanzieren.

Sport, Politik und Skandale

1930 hatte «Sprinterkönig» Charles Pélissier acht Etappen im Spurt gewonnen, aber die eigentlichen Publikumslieblinge, die Gipfelstürmer, kamen in der Endabrechnung meistens zu kurz. Denn die Berge standen oft zu weit vom Etappenziel entfernt. Deshalb führte Desgrange 1933 den «Grossen Bergpreis» für die Kraxler ein. Erster Gewinner war der Spanier Vicente Trueba, doch so richtig lanciert, nach dem Geschmack der französischen Zuschauer, wurde der Kampf um den Titel des «Bergkönigs» erst 1934. Hiefür verantwortlich zeichnete ein 20-jähriger Bursche namens René Vietto. Bis 1932 hatte der Südfranzose als Liftboy in einem Luxushotel in Cannes gearbeitet; zwei Jahre später fuhr er liftlos nach oben, unwiderstehlich, solo, Freund und Feind das Hinterrad zeigend. Die Pyrenäen und Alpen schienen für ihn harmlose Hügelchen zu sein; die Kommentatoren suchten die Lexika nach Superlativen ab, um Viettos Leistungen gebührend zu loben. Leider konnte der «Novize» nicht, wie er wollte. Er musste aus markentaktischen Gründen immer wieder auf seinen zehn Jahre älteren Chef Antonin Magne warten. «Le roi René» nahm zwar noch sechsmal Anlauf, attackierte noch sechsmal leichtfüssig die Tour-de-France-Riesen, aber zu mehr als zum Ehrenplatz (Zweiter 1939) reichte es ihm nie. Viettos Schwäche im Zeitfahren verhinderte den totalen Triumph des damals beliebtesten französischen Radrennfahrers.
1936 rollte die Tour de France ohne Italiener. Benito Mussolini verbot den Sportverkehr mit sämtlichen Ländern, die wegen des Abessinienkriegs gegen Italien Sanktionen ergriffen hatten. Das dezimierte Feld erleichterte Henri Desgrange zweifellos den Schritt zurück ins hintere Glied. Der 71-Jährige übergab das Zepter dem Sohn jenes Mannes, der 1903 die «L'Auto»-Kasse für das Abenteuer geöffnet hatte. Jacques profitierte gut drei Jahrzehnte später von der Weitsicht seines Vaters Victor Goddet. Der Kampf gegen «Petit Journal» und «Le Vélo» endete mit einem K.-o.-Sieg für «L'Auto». Dessen Auflage kletterte von 50 000 1903 auf fast eine Million 1936. Das 1949 auf dem Galibier eingeweihte Denkmal ehrt Pionier Henri Desgrange, der den Radrennsport revolutionierte.
Eine der ersten Amtshandlungen des neuen Chefs erleichterte das Leben der Pedaleure. Goddet gestattete endlich die Übersetzungswechsel. Das freute nicht zuletzt die 1937 nach Frankreich zurückgekehrten Italiener, denn sie stellten mit dem 23-jährigen Gino Bartali den Kronfavoriten. Der Traum vom ersten Italiener-Sieg seit zwölf Jahren endete indes im Strassengraben. Jung-

Verpflegung im Städtchen Dinan vor der langen Fahrt nach Brest, 1931 (oben links). Grosse Toilette in Caen, überwacht vom pfeifenrauchenden Funktionär, 1937 (oben rechts). Roger Lapébie, Tour-Sieger 1957, führte das Feld auch laufend an ... (Mitte).
Die 13 muss keine Unglückszahl sein. Der Franzose Antonin Magne (unten), Weltmeister 1936, Tour-de-France-Erster 1931 und 1934.

star Bartali stürzte und trat seine Rolle dem flämischen Titelverteidiger Silvère Maes ab. Das passte den Franzosen nicht in den Kram. Sie forderten das Maillot jaune für einen der Ihren; vor allem für Roger Lapébie. Verblendete Fans schoben ihr Idol Meter um Meter den Tourmalet empor. Dank dieser «Vorwärtsstrategie» rückte Lapébie näher an den Flamen heran, zumal Maes wegen angeblichen Fahrens im Windschatten eines Autos 15 Strafsekunden kassierte. Allerdings musste auch Lapébie für seine relativ mühelosen Bergfahrten büssen: 1 ½ Minuten Zuschlag auf die Gesamtzeit. Die Belgier sprachen von «Belohnung», die Franzosen von «Skandal». Die unterschiedliche Interpretation führte zu tätlichen Angriffen gegen Belgiens Nationalteam. Lapébies Anhänger bombardierten die Männer in den schwarz-gelb-roten Trikots mit Tomaten, faulen Eiern und anderen nicht ganz so weichen Materialien. Die Reaktion der Ge- und Betroffenen führte zum Eklat. Wir fahren keinen Meter weiter, sagten die Belgier und gaben ihre Rennräder den Organisatoren zurück. Denn sie gehörten dem Veranstalter. Er rüstete damals sämtliche Teilnehmer mit Einheitsrädern aus, nur Lenker und Sattel durften die Fahrer mitbringen. So traten also die Belgier ohne Maillot jaune, dafür mit Lenkern und Sätteln, die Heimreise an und wurden zu Hause wie Märtyrer empfangen. Es wäre übertrieben zu behaupten, der Sport habe 1937 zur Festigung der belgisch-französischen Freundschaft beigetragen.

Brüssels Buhmann Roger Lapébie erreichte Paris problemlos als Erster, gefolgt vom Italiener Mario Vicini und vom Luzerner Leo Amberg, dem die Schweiz ihren ersten Podestplatz verdankte. Die Franzosen hatten also endlich wieder ihren Sieger. Die Belgier aber schworen hoch und heilig, nie wieder die Tour de France zu fahren. «Nie wieder» währte elf Monate! Denn 1938 quälten sie sich erneut auf Frankreichs Strassen und staunten über den sie in den Steigungen deklassierenden 24-jährigen Italiener Gino Bartali. Die Medienvertreter machten den strenggläubigen Katholiken aus der Toskana zum «besten Rennfahrer aller Zeiten», obwohl das Ende aller Zeiten noch nicht absehbar war. Bartali

Silvère Maes 1939 nach seinem zweiten Tour-Sieg auf der Ehrenrunde im Maillot jaune mit dem Emblem des damaligen Sponsors Uni Sport (oben links). Defilee im Fischerhafen Sète, 1932 (oben rechts). 30. Tour, 7. Etappe: der Spanier Federico Ezquerra allein auf weiter Flur Richtung Grenoble (unten links). «Le roi René», René Vietto, Liebling der Franzosen, Bergkönig 1934, 15 Jahre später bei seinem sechsten (erfolglosen) Versuch, die Tour doch noch zu gewinnen (unten rechts).

Der kleine Bretone Jean «Biquet» Robic (oben links), ein exzellenter Bergfahrer, gewann insgesamt sechs Etappen und 1947 mit einem «Coup de théâtre» auf dem letzten Teilstück die Tour. 1950 triumphierte Gino Bartali (Mitte) in St. Gaudens. Gleichzeitig eroberte Landsmann Fiorenzo Magni (rechts im Bild) das Leadertrikot. Die Freude währte kurz. Bartali fühlte sich von französischen Fanatikern bedroht und reiste am gleichen Abend mit allen Italienern nach Hause. Der «andere» Bartali (unten rechts), zwölf Jahre jünger, umjubelt und strahlend anlässlich seines ersten Tour-Sieges im Pariser Parc des Princes, 1938. Louison Bobet, beglückwünscht von seiner Gattin (oben rechts), realisierte als Erster drei Siege in Serie: 1953/54/55.

dankte Gott und legte sein Siegerbukett auf den Altar von Notre-Dame. Papst Pius XI. dankte ebenfalls und gewährte dem vierten «Campionissimo» des italienischen Radsports eine Privataudienz. «Campionissimo»-Vorgänger waren Costante Girardengo, Alfredo Binda und Learco Guerra, Fünfter in dieser Sonderkategorie italienischer Radsport-Grössen wurde Fausto Coppi.

1939 schien Asket Bartali, den seine Kollegen inzwischen «Mönch» nannten, neuerdings unschlagbar. Doch Mussolini und Hitler entschieden anders. Die Achsenmächte Deutschland und Italien sowie Spanien mieden die Tour, und diesmal hatte Frankreich nichts gegen den dominierenden Belgier Silvère Maes einzuwenden. Lange Zeit hielt (nach drei Knieoperationen) René Vietto dagegen, aber ausgerechnet in den Alpen, wo er vor fünf Jahren zum «Roi René» avanciert war, am 2360 Meter hohen Col d'Izoard, brach Vietto ein. Nicht für immer, er werde wieder kommen, versprach der Enttäuschte seinen Landsleuten.

Aus «L'Auto» wird «L'Équipe»

Leider konnte Vietto sein Versprechen im nächsten Sommer nicht einlösen. Der Zweite Weltkrieg verschrieb der Tour de France eine achtjährige Pause. Nach diesem Zwangshalt war vieles anders als 1939. Wie alle Pariser Zeitungen musste auch «L'Auto» seinen Namen ändern. Weil Chefredaktor Goddet praktisch mit der gesamten «L'Auto»-Equipe weiter arbeiten konnte, taufte er die «L'Auto»-Nachfolgerin «L'Équipe». Sie organisierte zusammen mit «Le Parisien libéré» die erste Nachkriegs-Tour-de-France. Ihr Protagonist hiess wiederum René Vietto. Dass ihm drei Tage vor Schluss der temporär in der Schweiz wohnhafte Italiener Pierre Brambilla das Maillot jaune klaute, versetzte Frankreichs Nationalstolz einen argen Schock. Aber mit vereinten Kräften konnte der Schaden behoben werden. 140 Kilometer vor Paris, in einer eher harmlosen Steigung, attackierte der kleine Bretone Jean Robic. Sämtliche Franzosen schirmten das Feld ab; Robic entkam, und die Italiener unternahmen nichts, um dem Fremdkörper in ihrer Squadra, dem Auslanditaliener Brambilla, zu helfen. Das Wort «Schiebung» machte die Runde. Schliesslich wich in Frankreich die Trauer über Viettos Niederlage der gedämpften Freude an Robics umstrittenem Erfolg. «Biquet» (Zicklein) ist der einzige Tour-de-France-Sieger, der das Maillot jaune erst auf der Ehrenrunde trug. Er brach, toleriert von der französischen Übermacht, mit dem ungeschriebenen Gesetz, wonach der Leader auf dem letzten Teilstück nicht mehr angegriffen wird. Frankreich spendete dem «gekauften Sieg» Beifall, und Brambilla haderte mit den «Verrätern».

1948, zehn Jahre nach seinem ersten Tour-Sieg, erhielt «Mönch» Bartali einen weiteren Namen: il vecchio. Aber der «alte Mann» war mit 34 Jahren noch jung genug, um sieben Etappen und die

Ferdy Kübler (oben) legte 1950 die Basis für den ersten Schweizer Tour-Triumph in den Alpen und den beiden Zeitfahren. Der Mann mit der Kreide notierte in Lyon nach dem 98-km-Kampf gegen die Uhr für Kübler 6 Minuten Vorsprung auf den Tour-Zweiten Stan Ockers (unten).

Rundfahrt zum zweiten Mal zu gewinnen. Verhindern wollte dies vorerst der 23-jährige Louison Bobet aus Saint-Méen le Grand. Doch am Col de Porte, unweit von Grenoble, fuhr der Alte dem Jungen uneinholbar davon. Der deprimierte Franzose fiel auf Rang 4 zurück, während Bartali dem zweitklassierten Belgier Brik Schotte bis Paris 26 Minuten abknöpfte.

Damit war Bartalis Appetit indes noch nicht gestillt. Er versuchte 1949 das zu vollbringen, was seit 29 Jahren, seit Philippe Thijs, niemand realisieren konnte: drei Tour-de-France-Siege. Ohne seinen fünf Jahre jüngeren Landsmann Fausto Coppi wäre ihm dieser Coup wahrscheinlich geglückt. Die Radsportnation Italien bestand damals aus zwei Lagern, den Bartalianern und Coppisten. Die Religion spielte mit. Wer den Papst verehrte, schrie «forza Bartali», derweil sich Coppis Anhänger mehrheitlich aus eher labilen Kirchgängern rekrutierten. Directeur sportif Alfredo Binda war nicht zu beneiden. Sollte er auf Coppi oder Bartali setzen? Dank Bindas diplomatischem Geschick unterzeichneten die beiden Rivalen einen befristeten Nichtangriffspakt. Die halbe Squadra arbeitete für Bartali, der Rest für Coppi. Von dieser Konstellation profitierte anfänglich die Konkurrenz. Am Fusse der Pyrenäen gondelten Bartali-Coppi 18 Minuten hinter dem Maillot jaune. Coppis Sturz in der fünften Etappe entschärfte scheinbar den inneritalienischen Konflikt. Bahn frei für Bartali? Damit war der ehrgeizige Coppi nicht einverstanden. Er holte Minute um Minute auf, hielt sich aber trotzdem an den Waffenstillstand. Erst als in der Abfahrt vom Kleinen St. Bernhard Bartali mit plattem Vorderreifen auf den Materialwagen wartete, fühlte sich Coppi von der Abmachung entbunden. Der Rest war Triumph. Triumphfahrt nach Aosta, Etappentriumph in der italienischen Tour-de-France-Enklave, Triumph in Paris, 11 Minuten vor Bartali. Der neue «Campionissimo» hatte den alten «Campionissimo» endgültig entthront. Und die Berichterstatter nahmen wieder einmal Zuflucht zum Wort vom «besten Rennfahrer aller Zeiten». Aller Zeiten? Eddy Merckx war 1949 vierjährig.

Der erzürnte Bartali und der durstige Zaaf

Die Tour de France 1950 begann ohne Favoriten. Coppi war im Giro schwer gestürzt und beklagte einen Beckenbruch. Deshalb baute Italien, das zwei Mannschaften stellen durfte, zum fünften Mal auf den unverwüstlichen Bartali und zum zweiten Mal auf den guten Roller Fiorenzo Magni. Bartali war Capo der Squadra A, erhielt indes, wie französische Journalisten schimpften, unerlaubte Hilfe von den «Cadetti». Die Anti-Bartali-Stimmungsmache der Presse hetzte den Mob auf. Als Bartali auf dem Aspin versehentlich Robic touchierte, worauf der Franzose stürzte, behandelten ihn erboste Zuschauer mit Fäusten und Stöcken. Robic setzte das Rennen fort, und Bartali gewann die Etappe in St. Gaudens. Dort kleidete sich gleichzeitig Fiorenzo Magni ins Maillot jaune. Aber nur für wenige Minuten. Denn Bartali zeigte den Organisatoren die kalte Schulter, verweigerte die Ehrenrunde, befahl «Kofferpacken» und reiste noch am gleichen Abend mit sämtlichen Italienern nach Hause. Die Tour de France rollte ohne Maillot jaune weiter. Denn der zweitplatzierte Ferdy Kübler wollte das ihm kampflos in den Schoss gefallene Trikot nicht tragen; er wollte es erobern. Und er eroberte es! Der «Adler von Adliswil» zermürbte in den Alpen Frankreichs Liebling Louison Bobet, gewann drei Etappen (darunter die beiden Zeitfahren) und hielt den zähen Hinterradfahrer Stan Ockers sicher auf Distanz. Der erste Schweizer Tour-de-France-Sieger hiess künftig in seiner Heimat «Ferdy national».

Fausto Coppi: drei Starts, zwei Siege, 19 Tage in Gelb. Sein Erzfeind Gino Bartali brachte es auf acht Starts, zwei Siege und 20 Tage in Gelb.

Küblers Antipode in jener Tour war Abdelkadr Zaaf. Das Schlusslicht hatte sich vorgenommen, die Etappe Perpignan-Nîmes zu dominieren. Der Algerier riss kurz nach dem Start aus und strampelte schon bald eine Viertelstunde vor dem in der Hitze dösenden Feld. Vom Durst heimgesucht, requirierte Zaaf in einem Strassencafé zwei Flaschen Weisswein, leerte sie fast in einem Zug und nahm die Galeerenarbeit wieder auf. Als ihn die Müdigkeit übermannte, gestattete sich der Nordafrikaner angesichts des grossen Vorsprungs eine Verschnaufpause. Sie dauerte etwas länger als vorgesehen. Abdelkadr schlief ein und erwachte erst nach geraumer Zeit. Jetzt war Eile geboten. Zaaf schwang sich aufs Rad und bolzte weiter. Aber in die falsche Richtung, zurück nach Perpignan, statt vorwärts nach Nîmes.

Hennes Junkermann (oben links) hätte die Klasse zum Tour-Sieger gehabt. Dem Krefelder fehlten jedoch Selbstvertrauen und effiziente Mannschaftshelfer. 4. Rang 1960, 5. Rang 1961.

Jacques Anquetil (oben rechts), «maître Jacques», gewann als Erster die Tour fünfmal: 1957/61/62/63/64. Der Zürcher Hugo Koblet (unten) spielte 1951, auf dem Höhepunkt seiner Karriere, mit der Gegnerschaft Katz-und-Maus. 22 Minuten Vorsprung auf Raphaël Geminiani.

Dafür strebte Hugo Koblet 1951 unaufhaltsam vorwärts. Der hoch talentierte Zürcher spielte im Zenit seiner Karriere mit den Gegnern Katz-und-Maus. Einmal von der Spitze aus, einmal konternd, einmal Lokomotive, dann wieder Tender, bergauf, bergab, im Flachland, im Kampf gegen die Uhr und Mann gegen Mann. Doch immer Gentleman, vom Scheitel bis zur Sohle. Mit Betonung auf Scheitel. Kamm und Schwamm gehörten zu Koblets Requisiten wie Pumpe und Bidon. Kurz vor dem Ziel kämmte der seines Sieges sichere Ausreisser sein Haar und wusch das Gesicht. Der vom französischen Chansonnier Jacques Grello als «Pédaleur de charme» besungene Bäckerssohn (wie Louison Bobet) war kein Verächter schöner Frauen und wusste, was er den auf dem Podium kussbereit auf ihn wartenden Ehrendamen schuldete.

Ausser Koblet beteiligten sich noch ein paar andere Fahrer an der hochkarätig besetzten Tour 1951. Raphaël Geminiani verlor als Zweiter 22 Minuten, Bartali fast eine halbe Stunde. Ferner fuhren ... Coppi Rang 10, Bobet Rang 20. Sie schufteten, Koblet werkelte. Leider blieb seine Galashow ohne Reprise. 1952 war Koblet krank, 1953 und 1954 gab er auf. 1964 raste er mit dem Auto in einen Baum und starb. War es ein Unfall, war es Selbstmord? Die Meinungen darüber gehen noch heute auseinander.

Die Tour de France nahm keine Rücksicht auf menschliche Dramen. Sie setzte unbeirrt ihren Weg fort. 1952 war erstmals das Fernsehen dabei und verhalf dem Rennen zu einem Popularitätsschub. Der 38-jährige Bartali wollte sich nicht mit einer Statistenrolle begnügen und drängte sich bei jeder sich bietenden Gelegenheit an Coppis Hinterrad, worauf dieser wutentbrannt das italienische Quartier verliess und mit seiner Freundin Giulia Locatelli, der stets weiss gekleideten «Dama Bianca», in ein anderes Hotel übersiedelte. Der Medienrummel war gewaltig und halb Italien schockiert. Ein verheirateter Mann mit einer verheirateten Frau! So etwas tut ein «Campionissimo» nicht. Coppi tat es und leistete sich an dieser Rundfahrt beides: Sieg am Tag, Damengesellschaft nach Feierabend. Und der seriöse Bartali musste endgültig die Vorherrschaft seines Intimfeindes akzeptieren.

Coppi verabschiedete sich mit seinem zweiten Triumph für immer von der Tour, während sich Bartali 1953 mit bescheidenem Erfolg (Rang 11) nochmals ins grosse Abenteuer stürzte. «Il vecchio» überlebte Coppi sowohl an der Tour de France wie im Ruhestand. Fausto wurde anlässlich einer Afrikareise von Malaria befallen und erlag am 2. Januar 1960 im Spital von Tortona dem heimtückischen Fieber.

Der Berg ohne Schatten

1953 sollte zum Jubiläum «50 Jahre Tour de France» unbedingt ein Franzose gewinnen. Louison Bobet erfüllte den Wunsch der «Grande Nation». Er buchte den ersten seiner drei Siege und leitete gleichzeitig eine ununterbrochene Serie von fünf gallischen Erfolgen ein.

1954 und 1955 wartete Jacques Goddet mit drei Neuerungen auf. 1954 begann die Frankreich-Rundfahrt erstmals im Ausland, in Amsterdam. 1955 durften erstmals seit 1938 Deutsche mitmachen und musste erstmals der 1912 Meter hohe Mont Ventoux bezwungen werden. «Ventosus» heisst windig, stürmisch, aber vor allem wurde dieser Berg ohne Sträucher, Bäume und Schatten zum Synonym für Doping. 1955 fiel in den steilen, gnadenlos der Hitze ausgesetzten Serpentinen der Franzose Jean Mallejac plötzlich bewusstlos vom Rad. Schaum trat aus seinem Mund. Doping! Die Mahnungen verhallten ungehört, die Fortsetzung endete tödlich. 1967 zerstörten verbotene Medikamente das Leben des britischen Ex-Weltmeisters Tom Simpson am Mont Ventoux. Die Seuche, die schon zu den Zeiten der Gebrüder Pélissier grassiert hatte, breitete sich dank neuer Chemikalien un-

aufhaltsam und schwer kontrollierbar aus. Bis zum Eklat 1998! Die Dopingkonsumenten fahren in der Spitzengruppe, die Dopingkontrolleure vor dem Besenwagen. Der Besenwagen schliesst nie zur Spitzengruppe auf.

1913, 1914 und 1920 gewann der Belgier Philippe Thijs als Erster die Tour de France dreimal, 1953, 1954 und 1955 Louison Bobet als Erster dreimal hintereinander; und 1957 leitete Jacques Anquetil als Erster den fünffachen Sieg ein: 1957 mit 23 Jahren, 1961, 1962, 1963 und 1964. Anquetil war ein gewiefter Taktiker, guter Bergfahrer, schlechter Sprinter und ausgezeichneter Roller. Die signifikanteste Referenz in seiner 15-jährigen Profikarriere: 63 Siege in Zeitfahren, wovon neun an den von ihm beherrschten Tours de France. Ohne die Prüfungen gegen die Uhr wäre der 1987 im Alter von 53 Jahren an Krebs verstorbene «Maître Jacques» kaum fünfmal zuoberst auf dem Podest der grossen Schleife gestanden.

Die Sprache der Radsportbeschreiber ist blumig. Oft genügen ihnen die Namen im Taufbüchlein nicht. Die Sieger der «Bobet-Anquetil-Zwischenjahre», Roger Walkowiak, Charly Gaul und Federico Bahamontes, hiessen «Walko», «Chéri pipi» und «Adler von Toledo». Kletterspezialist Gaul trug 1957 im Aufstieg zum Monte Bodone das Rosatrikot des Giro-Leaders. Weil er dringend musste und sein Pipi nicht gern mobil verrichtete, hielt er Ausschau nach einem passenden Baum und besorgte sein Geschäftchen stehend. Was sonst die Konkurrenz grosszügig tolerierte, bestraften diesmal Nencini, Bobet, Geminiani und Baldini. Sie schlugen vereint zu und relegierten Gaul auf Platz 4. Gastone Nencini nahm dem Luxemburger die Maglia rosa ab. Ein Jahr später revanchierte sich «Chéri pipi» und gewann, diesmal gekonnt ab Fahrrad urinierend, die Tour de France 1958.

1959 machten sich die beiden französischen Favoriten Jacques Anquetil und Roger Rivière das Leben sauer; sie liessen sich nicht aus den Augen. Wenn zwei sich streiten, freut sich der Dritte. Dieser Dritte war Federico Bahamontes, eine «Berggeiss» wie Charly Gaul. Bahamontes gewann sechsmal den Bergpreis und 1959, als erster Spanier, die Tour de France.

1960 hätte die Tour des Kölners Hennes Junkermann werden können. Dieses Vorhaben scheiterte jedoch an seiner oft zu defensiven Fahrweise, der zu schwachen deutschen Mannschaft und den mit der französischen Sprache auf Kriegsfuss stehenden Betreuern im Begleitauto. Sie verstanden die Radio-Tour-Meldungen mehr schlecht als recht und versorgten ihren vermeintlichen Siegfahrer eher spärlich mit brauchbaren Informationen. Junkermann beendete das Rennen statt im gelben Trikot hinter Gastone Nencini, Graziano Battistini und Jan Adriaensens auf Rang 4. Sie alle profitierten vom fürchterlichen Sturz Roger Rivières in einen 30 Meter tiefen Abgrund. Dichtes Gestrüpp rettete das Leben des Stundenweltrekord-Inhabers, aber eine schwere Wirbelsäulenverletzung verbannte den 24-jährigen Strahlemann vom Rennrad auf den Rollstuhl. Der hoffnungsvollste französische Rennfahrer jener Zeit scheiterte als 80 Prozent Invalider mit seinen geschäftlichen Unternehmungen, flüchtete sich in Drogen und starb verarmt im Alter von 40 Jahren.

Im Gegensatz zu Rivière kam Junkermann 1961 zurück, doch wieder fehlten ihm Mut und Elan, um Anquetil zu gefährden. Der Normanne trug das Maillot jaune vom ersten bis zum letzten Tag.

Charly Gaul (oben links) war einer der besten Kraxler seiner Epoche. Der Luxemburger entschied zehn Bergetappen für sich und stand in Paris dreimal auf dem Podest: 1955 und 1961 Dritter, 1958 Sieger. Spanien feierte Federico Bahamontes (unten), den «Adler von Toledo», nach seinem Tour-Sieg 1959 wie einen Nationalhelden. Seine Bilanz: 1., 2., 3., 4. und sechsmal Bergkönig! Roger Rivière (oben rechts) aus Saint-Étienne schien 1960 auf dem Weg zum Tour-Olymp, als er sich bei einem fürchterlichen Sturz schwere Wirbelsäulenverletzungen zuzog und das Rennrad mit dem Rollstuhl vertauschen musste.

DIE GESCHICHTE DER TOUR DE FRANCE

Für die Fotografen küssten sich sogar zwei, die nie Freunde waren, aber oft das Podium zierten (oben): Raymond Poulidor (links im Bild) und Jacques Anquetil. Rudi Altig (unten) trug das Gelbe Trikot während 18 Tagen.

13. Etappe am 13. Juli

In den Sechzigerjahren begann die Neuzeit der Tour. Zwar blieben die zu bezwingenden Berge gleich hoch wie früher, dank besseren Strassen, leichteren Rennrädern, technischen Fortschritten und medizinischer Begleitung verlor die Rundfahrt indessen den Nimbus des Heldentums. 1962 verschwanden auf italienischen Druck die Nationalmannschaften. In Italien befahlen längst die Fabrikställe. Das Teamwork zählte mehr als Einzelinitiativen, Siege wurden programmiert, die radelnden Arbeitnehmer ferngesteuert, der Chef dirigierte, der Angestellte führte aus.

Weder die Reglementsänderung noch die Italiener konnten freilich Anquetil, den Mann mit dem Rechenschieber, an seinem zweiten, dritten, vierten und fünften Sieg hindern. Anquetils letzter Triumph nach einem Kopf-an-Kopf-Duell mit Poulidor wurde von einem Unfall überschattet. Ein Tanklastwagen fuhr 1964 in die Zuschauerreihen und tötete acht Menschen.

Zum ersten Mal seit 32 Jahren, damals Kurt Stöpel, eroberte 1964 ein Deutscher das Maillot jaune. Der exzellente Roller und gute Sprinter Rudi Altig gewann zwischen 1964 und 1969 acht Etappen, doch die von ihm nicht sonderlich geliebten Berge verunmöglichten den Gesamtsieg; dafür war Captain Anquetil zuständig. Er wachte streng über die Einhaltung der Hierarchie. «D'abord moi, ensuite Altig!»

1965 schien Poulidor in Abwesenheit von Anquetil reif für den überfälligen Erfolg. Um ganz sicher zu sein, gab ihm Directeur sportif Antonin Magne einen Zettel mit den Namen von elf möglichen Siegesanwärtern. «Poupou» war wachsam und konterte jeden Angriff dieser Rivalen. Einen Mann hatte Magne allerdings vergessen, den jungen Felice Gimondi. Der nicht auf dem Zettel vermerkte 22-jährige Italiener entwich, Poulidor liess ihn gewähren… und wurde 2 ½ Minuten hinter Gimondi Zweiter. Anquetil ging, junge Franzosen kamen: Lucien Aimar und Roger Pingeon. Aimar siegte 1966, Pingeon 1967. Wenn von Pingeons Tour de France die Rede ist, fällt meistens zuerst der Name Tom Simpson. Der Strassen-Weltmeister 1965 erklomm 1967 den teuflischen Mont Ventoux mit den Vordersten. Doch plötzlich, 1500 Meter vor dem Gipfel, kippte er vom Rad. Einmal, zweimal, aus! Jede ärztliche Hilfe kam zu spät. Der Brite starb am heissesten Tag des Jahres an einer Überdosis chemischer Präparate. Das Unheil hatte zwei Daten: 13. Etappe, 13. Juli.

Wenn Eddy Merckx zum Solo ansetzte, wie 1970 in den Alpen, blieben für die Konkurrenten meistens nur die Positionen 2 bis Besenwagen (oben). Auch für den Grössten unter den Grossen setzten die Götter den Schweiss vor den Preis. Eddy Merckx (unten links) brach fast alle Rekorde: fünf Tour- und 34 Etappensiege, 96 Tage im Maillot jaune. Der Bergamaske Felice Gimondi (unten rechts) übernahm 1965 in der neunten Etappe das Kommando, woran selbst Raymond Poulidor (links im Bild) nichts ändern konnte. Wieder einmal wurde er Zweiter.

Durch Schaden wurde man auch in Frankreich klug. Die Tour de France führte 1968 Dopingkontrollen ein, und Holland freute sich über seinen ersten Sieger in der «Ronde van Frankrijk». Er kam aus Nootdorp, trug eine Brille, hiess Jan Janssen und gewann vor allem dank dem abschliessenden Zeitfahren hauchdünn (38 Sekunden) vor dem Belgier Hermann Vanspringel.

Neil Armstrong und Eddy Merckx

1967 schrieben die Organisatoren die Tour wieder für Nationalteams aus, brachen aber das Experiment schon 1969 ab. Ein welt- und ein radsporthistorisches Ereignis sorgten im Juli 1969 für Schlagzeilen. Neil Armstrong betrat als erster Mensch den Mond, und Eddy Merckx übernahm an der Tour de France das Regime. Beinahe wäre dies um ein Jahr verschoben worden. Maglia-rosa-Träger Merckx wurde nach der 17. Giro-Etappe des Dopingkonsums überführt und vier Monate gesperrt. Weil Frankreichs Radfestival nach den eher farblosen Siegern der jüngsten Vergangenheit dringend einer Aufwertung bedurfte, gelang den vereinten Bemühungen mehrerer Lobbyisten die Verkürzung der Strafe auf zehn Tage. Wie der Zufall so spielt, die Amnestie ermöglichte Merckx just den Start zur Tour. Der Belgier sagte merci, eroberte am zweiten Tag Gelb und deklassierte bis Paris Pingeon um 18, Poulidor um 22 und Gimondi um 30 Minuten.

Fortsetzung im gleichen oder ähnlichen Stil: 1970 und 1971 Merckx vor Zoetemelk, 1972 vor Gimondi und 1974 vor Poulidor. 1973 verzichtete der «Löwe von Flandern» auf die Teilnahme, so dass endlich der Spanier Luis Ocaña zum Zug kam.

1975 wäre Merckx' sechster Coup fällig gewesen, doch der drei Jahre jüngere Bernard Thévenet verweigerte ihm den exklusiven Rekord. Zudem brach Merckx bei einem Sturz den linken Backenknochen. Dass er dennoch bis Paris ausharrte (2 Minuten 47 Sekunden hinter dem Franzosen), trug dem nimmersatten «Kannibalen» positive Kommentare ein.

1976 überstieg die Preissumme erstmals eine Million Francs. Merckx fehlte, dafür sattelte der 40 Jahre alte Raymond Poulidor erneut das Rad. Er beendete seine 14. und letzte Tour auf Platz 3 hinter Belgiens Kraxler Lucien van Impe (sechsmal Tour-de-France-Bergpreisgewinner) und dem holländischen Roller Joop Zoetemelk.

1977 kehrte Merckx zurück. Er wollte unbedingt den Fernkampf gegen Anquetil gewinnen. Aber wieder stand ihm Bernard Thévenet vor dem sechsten Triumph. Ehe der Franzose die Titelrolle übernehmen konnte, stahl ihm ein 22-jähriger Grünschnabel die Schau. Dietrich «Didi» Thurau fuhr 15 Tage im Maillot jaune und versetzte das bisher im Strassenrennsport schlummernde

1975 und 1977 siegte Bernard Thévenet, 1976 gab er auf. Nach der zweiten Alpenetappe musste der erschöpfte Franzose die Hilfe eines Gendarmen in Anspruch nehmen (oben links). Der in Frankreich ansässige Spanier Luis Ocaña (oben rechts) demütigte Eddy Merckx 1971 in der Königsetappe (Vorsprung 8:42), verlor aber drei Tage später als vermeintlicher Tour-Sieger nach einem schweren Sturz am Col de Mente das Maillot jaune. Krankenhaus statt Podium. 1973 hatte Ocaña mehr Glück. Erster spanischer Sieger seit Bahamontes 1959. Freitag, 13. Juli 1967, Drama am Mont Ventoux (unten). Tom Simpson, 29, am Berg ohne Schatten am Ende seiner Kräfte. Sturz, Wiederbelebungsversuche, Tod in Avignon, Doping!

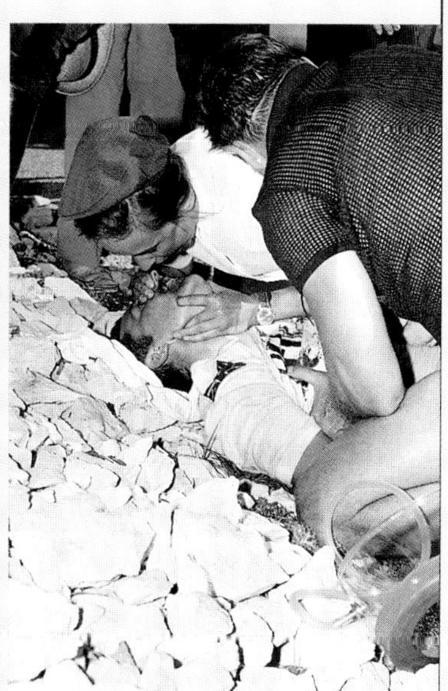

Deutschland fast in Ekstase. Erst die Königsetappe Chamonix–l'Alpe d'Huez brach den Elan des Tour-Debütanten und heilte das teutonische Gelbfieber. Mit fünf Etappensiegen, dem fünften Rang im Gesamtklassement und der Auszeichnung «bester Jungprofi» hatte der Frankfurter sein Soll jedoch mehr als erfüllt. Leider erlosch Thuraus Stern relativ früh. 1979 gewann «Didi» noch eine Etappe, 1980 und 1981 gab er auf.

Merckx ging, Hinault kam

Manchmal sorgten die Organisatoren für Neuheiten, manchmal die Aktiven. 1978 wurde zum ersten Mal der Inhaber des Maillot jaune nach Hause geschickt. Der Belgier Michel Pollentier versuchte bei der Dopingkontrolle in L'Alpe-d'Huez die Ärzte mit fremdem Urin zu düpieren. Der Betrug misslang, Merckx-Nachfolger Hinault gewann. Das Klassement Bernard Hinault vor Joop Zoetemelk und Joaquim Agostinho wiederholte sich 1979. Zweimal das gleich besetzte Podium, das war ebenfalls ein Novum in der 76-jährigen Tour-Geschichte.

Gelbfieber in Deutschland. Die Entdeckung des Jahres 1977 war der 22-jährige Frankfurter Dietrich «Didi» Thurau (oben): 15 Tage in Gelb, fünf Etappensiege, fünfter Schlussrang, bester Jungprofi. Bernard Hinault (unten) hätte wohl ohne seine fast chronischen Kniebeschwerden die Tour mehr als «nur» fünfmal gewonnen.

Hinaults dritter Sieg in Folge schien 1980 Tatsache zu werden. Der Giro-Dominator trug vor der Pyrenäen-Vierpässefahrt das Maillot jaune, verliess aber zum «Entsetzen der Nation» wegen Knieschmerzen und einer Sehnenscheiden-Entzündung bei Nacht und Nebel sein Quartier. Zoetemelk erbte. Im zehnten Versuch gewann der in Frankreich lebende Holländer endlich die «Grande Boucle». Sie ging als Senioren-Tour in die Annalen ein. Durchschnittsalter der ersten Fünf: 32,8 Jahre.

Weitere Premieren folgten. 1981 schmückte sich erstmals ein Australier, Phil Anderson, temporär mit dem Leaderemblem. Und als gar der Amerikaner Greg Lemond Frankreichs Openair entdeckte, begann die Vorherrschaft der Pedaleure vom alten Kontinent ernsthaft zu wanken. Lemond steigerte sich kontinuierlich. 1984 Dritter (als erster Amerikaner auf dem Podest), 1985 Zweiter, 1986 Sieger. Damit endete nach 83 Jahren die europäische Hegemonie. Lemond musste sich gegen 209 Teilnehmer durchsetzen, gegen das grösste Feld, das je Frankreich umrundete.

Vor Lemonds erstem Triumph schlug Hinault 1982 und 1985 noch zweimal zu. 1983 musste er wegen einer Knieoperation passen. Sie verdarb ihm auch die kommende Saison. Davon profitierte, ebenfalls zweimal, Hinaults ehemaliger Schüler Laurent Fignon. Trotz seiner Doublette 1983 und 1984 fuhr sich der professoral wirkende Pariser mit der randlosen Brille nie in die Herzen der Radsportfans hinein. Der Blondschopf hasste öffentliche Auftritte. Gelegentlich liess er seine Launen ungefiltert an Medien und Publikum aus.

1987 sorgte Stephen Roche für die irische Premiere und den bisher nur von Merckx realisierten Hattrick Giro, Tour de France und Strassen-WM im gleichen Jahr. 1988 hatte Pedro Delgado freie Fahrt, weil die meistgenannten Favoriten ausgeschieden oder hoffnungslos zurückgefallen waren. Allerdings benötigte Delgado wortgewandte Fürsprecher am grünen Tisch. Fünf Tage vor Schluss meldete das Dopinglabor: Delgado positiv, Gegenanalyse positiv!

Der zweifache Sieger Laurent Fignon (oben) profitierte 1983 und 1984 von den Knieverletzungen seines «Lehrmeisters» Bernard Hinault. 1986 gewann mit Greg Lemond (unten) erstmals ein Amerikaner die Tour. 1989 und 1990 wiederholte er seinen Streich.

Mittels etlicher Winkelzüge konnten spanische Offizielle die Disqualifikation verhindern.

1989 feierte Greg Lemond nach langer Leidenszeit Wiedersehen mit der Frankreich-Rundfahrt. Er war im Frühling auf der Jagd von seinem Schwager mit einem Truthahn verwechselt und angeschossen worden. Blinddarm- und Sehnenoperationen verlängerten die Rekonvaleszenz, schwächten aber nicht Lemonds Moral. Nach einem dramatischen Duell mit Fignon trennten auf den Champs-Élysées 8 Sekunden die beiden Kontrahenten. 3285 Kilometer Distanz, 8 Sekunden, rund 80 Meter, so knapp wie nie zuvor und nie seither.

Weniger spektakulär, ja fast glanzlos im Vergleich zum Vorjahr, buchte Greg Lemond 1990 Sieg Nr. 3. Die Preissumme für die gesamte Belegschaft übersteig erstmals 10 Millionen Francs. Peanuts, sagten die Amerikaner und nahmen vom Erfolg ihres Landsmanns beiläufig Kenntnis. Was ein Rennfahrer in drei Wochen verdient, kassieren Spitzensportler anderer Sparten, vor allem in den Staaten, in einer Stunde.

Indurains Nonstop-Fünferserie

Allerdings sind auch einige Radprofis Multimillionäre geworden. Zum Beispiel Miguel Indurain. Er schaffte wie Anquetil, Merckx und Hinault die Fünferserie, und zwar als Einziger nahtlos, ohne Zwischenjahr. Die schwierigste Aufgabe wartete 1991 auf den 27 jährigen Basken aus Villava bei Pamplona. Denn sein erster Erfolg war nicht programmiert. Indurain musste sich das Captainamt im Equipo Banesto gegen den alteingesessenen Pedro Delgado hart erkämpfen. Als er den internen Wettstreit endlich für sich entschieden hatte, zeigte der gute Berg- und hervorragende Zeitfahrer dem Rest des Feldes das Hinterrad. 1991 und 1992 leisteten ihm vor allem die Italiener Gianni Bugno und Claudio Chiappucci Widerstand, 1993 und 1995 die Schweizer Tony Rominger und Alex Zülle, 1994 der Lette Piotr Ugrumow.

Der schweigsame Indurain war kein Freund der Offensive. Er beschränkte sich in den Steigungen meistens auf die Bewachung seiner gefährlichsten Konkurrenten, um sie dann in den Zeitfahren zu bodigen. Nur 1995 griff der Nordspanier schon in den Ardennen an und verhinderte den von Tony Rominger angestrebten und von Alex Zülle beinahe erreichten ersten Schweizer Sieg seit 45 Jahren. Indurain deklassierte seine Gegner nie. Er lieferte stets taktische Massarbeit ab, mit Gesamtzeit-Reserven von lediglich 3 ½ bis 6 Minuten.

1991 erwuchs dem Tross erstmals Konkurrenz aus der ehemaligen Sowjetunion. Russen gewannen fünf von 22 Etappen. 1992 führte die Strecke zu Ehren der damals noch EG genannten EU durch sieben Länder.

1996 begann die Rundfahrt wegen der Olympischen Spiele eine Woche früher als üblich. Das schien dem Wettermacher nicht zu passen. Regen, Stürme, Kälte und Schnee multiplizierten die Leiden der Akteure. Indurain hätte Sonne und Hitze vorgezogen. Vielleicht deshalb brach er in den Alpen ein und verpasste wie seine Vorgänger den anvisierten sechsten Triumph. Auf den Südeuropäer folgte der den meteorologischen Launen besser trotzende Nordeuropäer Bjarne Riis. Der Däne profitierte von der Telekom-Stallorder. Nr. 1 Riis, Nr. 2 Ullrich. Der Neuling half dem Routinier, und das einstige Aschenbrödel-Team Telekom stiess mit dem Doppelsieg zu den Arrivierten vor.

Dopingkontrolle 1988: Pedro Delgado positiv! Doch der Spanier hatte einflussreiche Fürsprecher und durfte sich in Paris als Sieger ausrufen lassen. Der Applaus war gedämpft.

Die Hauptdarsteller 1978 (oben links; von links nach rechts): Sieger Bernard Hinault, Zweiter Joop Zoetemelk, Punkteklassement-Erster Freddy Maertens. Der Spanier Miguel Indurain (oben rechts) gewann als erster Fahrer die Tour de France fünfmal hintereinander: 1991–1995. Tony Rominger (unten) war einer der hartnäckigsten Rivalen Indurains, doch zu mehr als zum zweiten Platz reichte es weder ihm (1993) noch seinem Schweizer Landsmann Alex Zülle (1995).

1996 und 1997 machte das deutsche Telekom-Team die Musik. Dem Dänen Bjarne Riis folgte Jungstar Jan Ullrich (oben). Der erste deutsche Tour-de-France-Triumph löste im Land, dem die Welt das Fahrrad verdankt, grosse Begeisterung aus. Marco Pantani (unten) verdrängte dank seiner spektakulären Soloeinlagen in den Bergen wenigstens temporär die negativen Schlagzeilen der Epo-Tour 1998.

1997 wählte Telekom die gleiche Strategie. Riis 1, Ullrich 2. Der Junge akzeptierte das Verdikt erneut. Als er jedoch im Laufe des Rennens zu Hochform auflief, derweil Riis eher krebste, wurden die Rollen vertauscht. Der blonde Skandinavier zahlte jetzt die vor einem Jahr von Ullrich geleisteten Helferdienste zurück, verdingte sich als Edeldomestik und trug viel zum Erfolg des aus Rostock stammenden 23-jährigen Ex-Amateur-Weltmeisters bei. Am 14. Juli war offizieller Nationalfeiertag der Franzosen, am 15. Juli inoffizieller der Deutschen. An diesem Tag löste Jan Ullrich die Bremsen, liess im Schlussaufstieg der 252 Kilometer langen Pyrenäen-Vierpässeetappe Luchon–Andorra-Arcalis alle «Nebenbuhler» stehen, zeigte ihnen später im Zeitfahren, wo Barthel den Most holt, und verteidigte das Maillot jaune magistral. Was Stöpel, Altig und Thurau verwehrt blieb, vollbrachte «Jungradler» Ullrich bereits im zweiten Anlauf: erster deutscher Sieg nach 94 Jahren Tour de France. 100 000 Menschen bejubelten in Bonn den neuen «Nationalhelden». Selbst ernannte Experten aus dem Land, dem wir das Fahrrad verdanken, waren sich einig, Ullrich ist einmalig. Und sie fragten: «Wer kann ihn besiegen?»

Zwölf Monate später gab Marco Pantani die Antwort: Io! Nach der Ouvertüre in Dublin (die Tour de France emigrierte wegen der Fussball-WM in Frankreich für die Startphase nach Irland) hätte allerdings kaum jemand eine Lira auf den Mann mit dem kahl geschorenen Schädel, dem neckischen Bärtchen und den markanten Ohren gewettet. Pantani figurierte in der Prolog-Rangliste unter den Letzten, weit abgeschlagen hinter Ullrich. Der Deutsche schien unterwegs zum zweiten Sieg, wäre da nicht der berüchtigte Hungerast gewesen. Als Pantani am Fuss der Rampe Richtung Les Deux-Alpes zum Solo ansetzte, ging Ullrich k. o. Der «Pirat» aus Cesenatico nahm seinem offenbar ungenügend verpflegten Opfer bis ins Ziel erstens fast neun Minuten und zweitens das Maillot jaune ab. Darauf hatten die Tifosi 33 lange Jahre, seit Gimondi 1965, gewartet. Der in den steilen Kehren auf seine rushartigen Antritte vertrauende Pantani realisierte als siebter Fahrer im gleichen Jahr das Double Giro – Tour de France.

Justitias Frontalangriff

Mehr Publizität als das Duell Pantani-Ullrich beanspruchte die französische Polizei mit ihren Frontalangriffen gegen die Dopingpraxis. Justitia deckte einen der grössten Skandale der Radsportgeschichte auf und brachte ans Tageslicht, was jahrzehntelang diskret unter den Teppich gewischt worden war. Der Zungenbrecher des Sommers 1998 hiess «Erythropoietin», abgekürzt Epo. Einige Sünder wurden schon vor der Tour de France wegen zu hoher Hämatokritwerte bestraft. Doch das rigorose Reinemachen begann erst Mitte Juli, nachdem Willy Voet, ein Masseur der Sportgruppe Festina-Lotus, mit dem Auto voll verbotener Medikamente in eine Zollkontrolle geraten war. Die neun Profis dieses Teams, darunter die Favoriten Alex Zülle, Richard Virenque und Laurent Dufaux, erhielten den Laufpass, obwohl sie alle Dopingkontrollen schadlos überstanden hatten. Weil sie, argumentierte Tour-Direktor Jean-Marie Leblanc, seinem Unternehmen Schaden zugefügt haben. Die Gendarmerie waltete knallhart ihres Amtes.

Razzien, Verhaftungen, Leibesvisitationen und nächtelange Einvernahmen gehörten zur Tour de France 1998 wie die Ehrendamen. Kein Tag verging ohne neue Enthüllungen. Die Tour-Berichte erschienen sowohl auf den Sportseiten wie in der Beilage «Medizin und Forschung» oder in der Rubrik «Verbrechen». Nach dem Start zur zwölften Etappe inszenierten die verärgerten Profis einen telegenen Sitzstreik. Und auf dem 17. Teilstück von Albertville nach Aix-les-Bains bummelten sie im Tempo einer Veteranen-Radlergruppe durch die Landschaft und führten die Tour an den Rand des Abbruchs. Die spanischen Mannschaften entzogen sich dem französischen Gesetz durch Flucht in die Heimat, die TVM-Equipe benützte den Abstecher in die Schweiz zum Absprung auf «neutralem Terrain». Das Flämmchen wurde zur Flamme, das Feuer zum Grossbrand. 189 Fahrer waren am 11. Juli guten Mutes in Dublin gestartet, 96 erreichten, zum Teil sehr schlechten Gewissens, am 2. August das Ziel in Paris. Marco Pantanis bestechende Leistung in den Bergen verdrängte wenigstens kurzfristig die negativen Schlagzeilen über die Tour d'Epo.

Marco Pantani schien auch Favorit der letzten Tour des Jahrhunderts. Er deklassierte im Giro d'Italia seine Gegner fast nach Belieben, wurde aber am zweitletzten Tag von den Dopingkontrolleuren abrupt gestoppt: 52 statt der

tolerierten 50 Prozent Hämatokrit, heim nach Cesenatico statt auf das höchste Giro-Podium in Mailand! Neben Pantani fehlten am Start zur 86. Tour de France 1999 die unpässlichen oder verletzten Bartoli, Camenzind, Jalabert, Riis und Ullrich. Damit war der Weg frei für den 28-jährigen Lance Armstrong zur «Tour de Lance», wie US-Medien titelten. Der Amerikaner avancierte zum Hauptdarsteller der Tour und zur Titelfigur des wahr gewordenen Märchens «Vom Totenbett auf den Radsportolymp». Nach einer schweren Krebserkrankung des Profi-Strassenweltmeisters 1993 gaben die Mediziner 1996 ihrem Patienten lediglich 50 Prozent Überlebenschancen. Doch der Texaner machte aus 50 100, gewann knapp drei Jahre später den Prolog, zwei Zeitfahren und eine Alpenetappe, trug während 15 Tagen Gelb und liess sich in Paris als Schnellster der bisher schnellsten Tour de France (Durchschnittsgeschwindigkeit 40,276 Stundenkilometer!) feiern, 7 ½ Minuten vor dem Ostschweizer Alex Zülle. Der Deutsche Erik Zabel sicherte sich zum vierten aufeinander folgenden Mal den Sieg im

Die (fast) dopingfreie Tour 1999 rollte im Zeichen der Wiedergutmachung. Richard Virenque (vorne) gewann den Bergpreis, Lance Armstrong (Mitte) vor Alex Zülle (hinten) die letzte Frankreich-Rundfahrt im zweiten Jahrtausend.

Punkteklassement, der Franzose Richard Virenque dominierte zum fünften Mal die Bergpreiswertung, und Jann Kirispuu eroberte als erster Este (immerhin für eine ganze Woche) das Maillot jaune. Der vierfache Etappensieger Mario Cipollini übertraf auf der Fahrt von Laval nach Blois mit 50,356 Stundenkilometern Johan Bruyneels Rekordmittel aus dem Jahr 1993 um 939 Meter. Positiv für die Veranstalter: kein einziges (registriertes) Dopingvergehen. Negativ für die Veranstalter: kein einziger französischer Etappensieg… erstmals seit 73 Jahren.

Schlaglichter

Jüngster Sieger: 1904, Henri Cornet, 20
Ältester Sieger: 1948, Gino Bartali, 34

Rekordsieger: Jacques Anquetil, Eddy Merckx, Bernard Hinault, Miguel Indurain je 5, Indurain als Einziger hintereinander

Am meisten Etappensiege pro Tour: 1930, Charles Pélissier, 1970, Eddy Merckx, 1976, Freddy Maertens, je 8

Der Luxemburger Lucien Faber gewann 1909 6 von 14 Etappen, wovon 5 hintereinander.

Eddy Merckx gewann 34 Etappen und trug 96 Tage das Maillot jaune.

Am meisten Podestplätze in Paris: Raymond Poulidor 8, Joop Zoetemelk 7

Hattrick Giro, Tour de France, Strassen-WM im gleichen Jahr: 1974, Eddy Merckx, 1987, Stephen Roche

Erster Träger des Maillot jaune: 1919, Eugène Christophe

Erster Bergpreissieger: 1933, Vicente Trueba (Spanien)

Kürzeste Rundfahrt: 1904, 6 Etappen, 2388 km
Längste Rundfahrt: 1926, 17 Etappen, 5745 km

Längste Etappe: 1923, Les Sables d'Oldonne–Bayonne, 482 km. Zeit des Siegers: 20 Stunden, 16 Minuten, 56 Sekunden

Kleinste Teilnehmerzahl: 1903, 1905, 1934, je 60 Fahrer
Grösste Teilnehmerzahl: 1986, 210 Fahrer

1910 wurden erstmals die Pyrenäen, 1911 erstmals die Alpen traversiert.

Grösster Vorsprung in einer Etappe: 1903, Marseille–Toulouse, 432 km, Hippolyte Aucouturier, 31 Minuten 56 Sekunden

Grösster Zeitabstand am Etappenziel zwischen dem Ersten und dem Letzten: 1908, Brest–Caen, 24 Stunden. Der Letzte war 40 Stunden unterwegs.

Grösster Vorsprung im Gesamtklassement: 1903, Maurice Garin, nach 2428 km 2 Stunden 49 Minuten vor Lucien Pothier

Kleinster Vorsprung im Gesamtklassement: 1989, Greg Lemond nach 3285 km 8 Sekunden (rund 80 m) vor Laurent Fignon

Schnellste Etappe: 1999, Laval–Blois, Mario Cipollini, 50,356 km/h. Erstmals über 50 km/h

Schnellste Tour de France: 1999, Lance Armstrong, 3690 km mit einem Stundenmittel von 40,276 km. Erstmals über 40 km/h

DIE TOUR-SIEGER

Jahr	Etappen	Distanz (km)	Gestartet	Klassiert	Erster	Zweiter	Dritter	Vorsprung des Siegers auf den Zweiten (Minuten)
1903	6	2428	60	21	Maurice Garin F	Lucien Pothier F	Fernand Augerau F	2:49:00
1904	6	2388	88	23	Henri Cornet F	J.B. Dortignacq F	Philippe Jousselin F	2:16:14
1905	11	2975	60	24	Louis Trousselier F	Hippolyte Aucouturier F	J.B. Dortignacq F	26 Punkte
1906	13	4637	75	14	René Pottier F	Georges Passerieu F	Louis Trousselier F	28 Punkte
1907	14	4488	93	33	Lucien Petit-Breton F	Gustave Garrigou F	Emile Georget F	19 Punkte
1908	14	4488	114	36	Lucien Petit-Breton F	François Faber L	Georges Passerieu F	32 Punkte
1909	14	4497	150	55	François Faber L	Gustave Garrigou F	Jean Alavoine F	20 Punkte
1910	15	4700	110	41	Octave Lapize F	François Faber L	Gustave Garrigou F	4 Punkte
1911	15	5544	84	28	Gustave Garrigou F	Paul Duboc F	Emile Georget F	41 Punkte
1912	15	5229	131	41	Odile Defraye B	Eugène Christophe F	Gustave Garrigou F	59,5 Punkte
1913	15	5387	140	25	Philippe Thijs B	Gustave Garrigou F	Marcel Buysse B	8:37
1914	15	5414	146	54	Philippe Thijs B	Henri Pélissier F	Jean Alavoine F	1:50:00
1919	15	5560	69	11	Firmin Lambot B	Jean Alavoine F	Eugène Christophe F	1:42:45
1920	15	5503	113	22	Philippe Thijs B	Hector Heusghem B	Firmon Lambot B	57:00
1921	15	5484	123	38	Léon Scieur B	Hector Heusghem B	Honoré Barthélemy F	19:02
1922	15	5375	121	38	Firmin Lambot B	Jean Alavoine F	Félix Sellier B	41:15
1923	15	5386	139	48	Henri Pélissier F	Ottavio Bottecchia I	Romain Bellenger F	30:41
1924	15	5427	157	60	Ottavio Bottecchia I	Nicolas Frantz L	Lucien Buysse B	35:36
1925	18	5430	130	49	Ottavio Bottecchia I	Lucien Buysse B	Bartolomeo Aymo I	54:20
1926	17	5745	126	41	Lucien Buysse B	Nicolas Frantz L	Bartolomeo Aymo I	1:22:25
1927	24	5321	142	39	Nicolas Frantz L	Maurice Dewaele B	Julien Vervaecke B	1:48:21
1928	22	5377	162	41	Nicolas Frantz L	André Leducq F	Maurice Dewaele B	50:07
1929	22	5288	155	60	Maurice Dewaele B	Giuseppe Pancera I	Joseph Demuysere B	32:07
1930	21	4818	100	59	André Leducq F	Learco Guerra I	Antonin Magne F	14:19
1931	24	5095	81	35	Antonin Magne F	Joseph Demuysere B	Antonio Pesenti I	12:56
1932	21	4502	80	57	André Leducq F	Kurt Stöpel D	Francesco Camusso I	24:03
1933	23	4395	80	40	Georges Speicher F	Learco Guerra I	Giuseppe Martano I	4:01
1934	23	4363	60	39	Antonin Magne F	Giuseppe Martano I	Roger Lapébie F	27:31
1935	21	4302	93	46	Romain Maes B	Ambrogio Morelli I	Félicien Vervaecke B	17:52
1936	21	4442	90	43	Silvère Maes B	Antonin Magne F	Félicien Vervaecke B	26:55
1937	20	4415	98	46	Roger Lapébie F	Mario Vicini I	Leo Amberg CH	7:17
1938	21	4694	96	55	Gino Bartali I	Félicien Vervaecke B	Victor Cosson F	18:27
1939	18	4224	79	49	Silvère Maes B	René Vietto F	Lucien Vlaemynck B	30:08
1947	21	4640	100	53	Jean Robic F	Edouard Fachleitner F	Pierre Brambilla I	3:58
1948	21	4922	120	44	Gino Bartali I	Brik Schotte B	Guy Lapébie F	26:16
1949	21	4813	120	55	Fausto Coppi I	Gino Bartali I	Jacques Marinelli F	10:55
1950	22	4776	116	51	Ferdy Kübler CH	Stan Ockers B	Louison Bobet F	9:30
1951	24	4474	123	66	Hugo Koblet CH	Raphaël Geminiani I	Lucien Lazaridés F	22:00
1952	23	4807	122	78	Fausto Coppi I	Stan Ockers B	Bernardo Ruiz Sp	28:17
1953	22	4479	119	76	Louison Bobet F	Jean Malléjac F	Giancarlo Astrua I	14:18
1954	23	4855	110	69	Louison Bobet F	Ferdy Kübler CH	Fritz Schär CH	15:49
1955	22	4495	130	69	Louison Bobet F	Jean Brankart B	Charly Gaul L	4:53
1956	22	4528	120	88	Roger Walkowiak F	Gilbert Bauvin F	Jan Adriaensens B	1:25

Jahr	Etappen	Distanz (km)	Gestartet	Klassiert	Erster	Zweiter	Dritter	Vorsprung des Siegers auf den Zweiten (Minuten)
1957	22	4555	120	56	Jacques Anquetil F	Marc. Janssens B	Adolf Christian Oe	14:56
1958	24	4319,5	120	78	Charly Gaul L	Vito Favero I	Raph. Geminiani F	3:10
1959	22	4363	120	65	Federico Bahamontes Sp	Henri Anglade F	Jacques Anquetil F	4:01
1960	21	4272	128	81	Gastone Nencini I	Graziano Battistini I	Jan Adriaensens B	5:02
1961	21	4394	132	72	Jacques Anquetil F	Guido Carlesi I	Charly Gaul L	12:14
1962	22	4272,5	149	94	Jacques Anquetil F	Jef Planckaert B	Raymond Poulidor F	4:59
1963	21	4140,8	130	76	Jacques Anquetil F	Federico Bahamontes Sp	José Perez-Frances Sp	3:35
1964	22	4505,2	132	81	Jacques Anquetil F	Raymond Poulidor F	Federico Bahamontes Sp	55 Sek.
1965	22	4175,9	130	96	Felice Gimondi I	Raymond Poulidor F	Gianni Motta I	2:40
1966	22	4329	130	82	Lucien Aimar F	Jan Janssen Ho	Raymond Poulidor F	1:07
1967	22	4780	130	88	Roger Pingeon F	Julio Jimenez Sp	Franco Balmanion I	3:40
1968	22	4662,3	110	63	Jan Janssen Ho	Hermann Vanspringel B	Ferdinand Bracke B	38 Sek.
1969	22	4102	129	86	Eddy Merckx B	Roger Pingeon F	Raymond Poulidor F	17:54
1970	23	4366,8	150	100	Eddy Merckx B	Joop Zoetemelk Ho	Gösta Pettersson S	12:41
1971	20	3689,6	129	94	Eddy Merckx B	Joop Zoetemelk Ho	Lucien van Impe B	9:51
1972	20	3846,6	132	88	Eddy Merckx B	Felice Gimondi I	Raymond Poulidor F	10:41
1973	20	4140,4	132	87	Luis Ocaña Sp	Bernard Thévenet F	José Manuel Fuente Sp	15:51
1974	22	4098,2	130	105	Eddy Merckx B	Raymond Poulidor F	Vic. Lopez Carril Sp	8:04
1975	22	3999,1	140	86	Bernard Thévenet F	Eddy Merckx B	Lucien van Impe B	2:47
1976	22	4016,5	130	87	Lucien van Impe B	Joop Zoetemelk Ho	Raymond Poulidor F	4:14
1977	22	4092,9	100	53	Bernard Thévenet F	Hennie Kuiper Ho	Lucien van Impe B	48 Sek.
1978	22	3913,8	110	78	Bernard Hinault F	Joop Zoetemelk Ho	Joaquim Agostinho P	3:56
1979	24	3720,4	150	89	Bernard Hinault F	Joop Zoetemelk Ho	Joaquim Agostinho P	13:37
1980	22	3945,5	130	85	Joop Zoetemelk Ho	Hennie Kuiper Ho	Raymond Martin F	6:55
1981	22	3756,6	150	121	Bernard Hinault F	Lucien van Impe B	Robert Alban F	14:34
1982	21	3512	169	125	Bernard Hinault F	Joop Zoetemelk Ho	Joh. Van der Velde Ho	6:21
1983	22	3962	140	88	Laurent Fignon F	Angel Arroyo Sp	Peter Winnen Ho	4:04
1984	23	4020,9	140	124	Laurent Fignon F	Bernard Hinault F	Greg Lemond USA	10:32
1985	22	4127,3	179	144	Bernard Hinault F	Greg Lemond USA	Stephen Roche Irl	1:42
1986	23	4083	210	132	Greg Lemond USA	Bernard Hinault F	Urs Zimmermann CH	3:10
1987	25	4231,1	207	135	Stephen Roche Irl	Pedro Delgado Sp	J.-Fr. Bernard F	40 Sek.
1988	22	3281,5	198	151	Pedro Delgado Sp	Steven Rooks Ho	Fabio Parra Kol	7:13
1989	21	3285,3	198	138	Greg Lemond USA	Laurent Fignon F	Pedro Delgado Sp	8 Sek.
1990	21	3448,8	198	156	Greg Lemond USA	Claudio Chiappucci I	Erik Breukink Ho	2:16
1991	22	3914,4	198	158	Miguel Indurain Sp	Gianni Bugno I	Claudio Chiappucci I	3:36
1992	21	3983	198	130	Miguel Indurain Sp	Claudio Chiappucci I	Gianni Bugno I	4:35
1993	20	3714,3	180	136	Miguel Indurain Sp	Tony Rominger CH	Zenon Jaskula Po	4:59
1994	21	3978,2	180	117	Miguel Indurain Sp	Piotr Ugrumov Let	Marco Pantani I	5:39
1995	20	3635	189	115	Miguel Indurain Sp	Alex Zülle CH	Bjarne Riis Dä	4:35
1996	21	3765	198	129	Bjarne Riis Dä	Jan Ullrich D	Richard Virenque F	1:14
1997	21	3944	198	139	Jan Ullrich D	Richard Virenque F	Marco Pantani I	9:09
1998	21	3875	189	96	Marco Pantani I	Jan Ullrich D	Bobby Julich USA	3:21
1999	20	3690	180	141	Lance Armstrong USA	Alex Zülle CH	Fernando Escartin Sp	7:37

Dank und Bildnachweis

Die Aufnahmen in diesem Buch sind in den Jahren 1998 und 1999 entstanden. Der Fotograf arbeitete unter anderem mit einer Kamera Nikon F5 auf Kodak TRI-X Pan 400. Die Vergrösserungen fertigte er auf Ilford Ilfobrom Galerie FB Papier.

Dank

Ich danke allen, die mir die Begleitung der Tour de France als Fotograf ermöglicht und mich während der Arbeit mit Rat und Tat unterstützt haben: Walter Leibundgut, Elmar Wagner, James Starrt, Arthur Schmed, Antonio Salutini, Claudio Corti und Armin Meier. Charlie Federer, meine Familie und Manuel Bauer haben mich auch auf Durststrecken immer wieder motiviert. Für die kritische Begleitung der Arbeit danke ich den Kolleginnen und Kollegen in der Agentur Lookat, im Besonderen Nicole Aeby und Ashley Woods, sowie Koni Nordmann, Matthias Kamm, Arnold Kohler, David Roth und Martin Kissling. Ein ganz spezieller Dank geht an Oliver von Arx, der mich auf beiden Touren als Assistent und Chauffeur begleitet hat.

Markus Bühler

Der Verlag dankt für
die grosszügige Unterstützung:
Samaro AG, Wetzikon
Alleedo AG, Zürich
Carrosserie Aeschlimann, Dällikon

Bildnachweis

(o = oben, m = Mitte, u = unten,
l = links, r = rechts)
Gamma, Vanves:
S. 141 o, u, 143 or, 146 m.
Ringier Dokumentation Bild, Zürich:
S. 142 or, 144 ol, 147 ur, 148 ol,
150 ol, or, u, 151 or, 152 ol, or, mr,
153 ul, ur, 154 m, 155 or, u.
Archiv «Sport», Zürich:
S. 138/139, 140 u, 142/143 u, 144 or, u,
145 m, 146 ol, or, u, 147 ol, or, ul,
148 or, m, u, 149 ol, or, u, 151 ol, u,
152 ml, u, 153 ol, or, 154 ol, or, u,
155 ol, m.
Unbekannt*: S. 140 o, 142 ol,
143 ol, 145 o, u.
Alle anderen Aufnahmen stammen
von Markus Bühler.

* Bei einigen historischen Aufnahmen konnten die Rechteinhaber nicht ausfindig gemacht werden. Der Verlag bittet um die Mitteilung belegter Urheberrechtsansprüche.

2. Auflage, 2000

Konzeption und Gestaltung:
Heinz von Arx, Urs Bolz, Zürich
Textredaktion und Lektorat:
Andres Betschart, Zürich
ISBN 3-905111-43-8